# CRONO A2
## Manual de preparación del DELE

Esther Domínguez Marín
Carlos Salvador García
Miguel Sauras Rodríguez-Olleros
Iñaki Tarrés Chamorro

**DELE A2:** Diploma de español necesario para obtener la nacionalidad española.

Esther Domínguez Marín, Carlos Salvador García,
Miguel Sauras Rodríguez-Olleros, Iñaki Tarrés Chamorro
Coordinador: Iñaki Tarrés Chamorro

ISBN: 978-84-9179-442-4
Depósito Legal: M-14946-2020
Impreso en España
0920

**Edición:**
Carlos Oliva

**Maquetación:**
Susana Fernández y Sara Serrano

**Fotografías:**
www.shutterstock.com

**Diseño de portada:**
Susana Fernández

**Impresión:**
Gráficas Glodami. Coslada (Madrid)

**Estudio de grabación:**
Producciones Activawords

**Editorial Edinumen**
José Celestino Mutis, 4. 28028 - Madrid
Teléfono: 91 308 51 42
e-mail: edinumen@edinumen.es
www.edinumen.es

**Créditos de fotografía:**
Pág. 26: parada de bus, Ostranitsa Stanislav/Shutterstock.com
Pág. 112: ambulancia, Vivitta/Shutterstock.com
Pág. 135: ópera, Igor Bulgarin/Shutterstock.com
Pág. 161: *El rey león*, 4kclips/Shutterstock.com
Fotografías del examen: Iñaki Tarrés Chamorro

# Índice



**Importante**

*Crono A2* está diseñado de acuerdo con los cambios realizados, por el Instituto Cervantes, en el examen DELE desde la convocatoria de febrero de 2020. Los exámenes para obtener el DELE, como cualquier examen, pueden sufrir cambios. El Instituto Cervantes actualiza constantemente los contenidos de los exámenes en relación con dos documentos: el *Marco común europeo de referencia* y el *Plan curricular del Instituto Cervantes*. *Crono A2*, a través de la página web de Edinumen, te permite seguir esas actualizaciones. En la ELEteca vas a encontrar información y materiales para ampliar la preparación del examen.

# La preparación del DELE A2 con *Crono A2*

El **DELE** es el **D**iploma de **E**spañol como **L**engua **E**xtranjera que entrega el **Instituto Cervantes** en nombre del Ministerio de Educación de España. Con ***Crono A2***, de la editorial Edinumen, puedes preparar el examen para obtener el **DELE A2** de forma **autónoma**. Solo en algunos temas necesitas ayuda extra de un profesor.

Este diploma además permite, junto a la prueba de conocimientos CCSE, acceder a la nacionalidad española.

https://examenes.cervantes.es

***Crono*** es un manual creado por profesores del Instituto Cervantes que son examinadores oficiales del DELE. El objetivo es preparar el examen de una manera **eficaz** y en **poco tiempo**. Tienes todo lo necesario para:

- conocer bien el examen;
- practicar las tareas del examen;
- evaluar tus resultados;
- desarrollar habilidades que necesitas durante el examen;
- organizar tu propia preparación.

Los modelos de examen están hechos exactamente como el modelo de muestra del **Instituto Cervantes**. El libro incluye materiales especiales para la preparación de la entrevista: ejemplos de preguntas que pueden hacer los examinadores. El libro contiene también **Hojas de respuestas** fotocopiables como las del examen real.

***Cuaderno de claves***. Las soluciones de los modelos de examen aparecen separadas en este cuaderno que ofrece las soluciones comentadas de las preguntas de las pruebas 1 y 2, de comprensión; modelos de textos; las soluciones de las actividades previas de cada prueba; tablas para evaluar las pruebas 3 y 4, de producción; consejos y comentarios.

El libro tiene dos "voces": la "voz del manual" que habla al candidato, como un profesor, que va siempre en estilo informal *(tú)* y tiene este fondo de color, y la "voz del examen", que va en estilo formal *(usted)*.

Una de las claves del examen es el **control del tiempo**: el manual te muestra cómo medir y controlar el tiempo necesario para cada tarea. Es importante tener siempre un reloj o un cronómetro. El libro te lo indica con el icono del cronómetro.

Otra de las claves es el **vocabulario**. Todos los modelos de examen tienen una lista con las palabras importantes de las pruebas 1 y 2. Es importante trabajar sistemáticamente esas palabras. Muchas de ellas, lógicamente, se repiten entre los modelos de examen. La repetición es, de hecho, uno de los mecanismos más importantes para memorizar vocabulario. En la **ELEteca** tienes además un documento con todo el vocabulario organizado por temas.

Bibliografía: ***Vocabulario en movimiento***, ed. Edinumen.

La preparación del examen se completa, además, con actividades que permiten desarrollar habilidades exclusivas de cada prueba del examen. Estas actividades están en la **ELEteca**. Igualmente, en la **ELEteca** tienes las transcripciones de todos los audios que se trabajan en los distintos modelos de examen.

# La estructura del examen

<table>
<tr><td>Prueba 1</td><td>60 min<br>25 preguntas</td><td>Tarea 1<br>5 preguntas de opción múltiple. Cartas personales, mensajes electrónicos, etc. Entre 250 y 300 palabras.</td><td>Tarea 2<br>8 preguntas de opción múltiple. Anuncios publicitarios, folletos, carteles, convocatorias, avisos, foros, etc. Entre 50 y 80 palabras cada texto.</td><td>Tarea 3<br>6 preguntas del tipo "¿Quién...?". Textos personales que narran experiencias. Entre 100 y 120 palabras cada texto.</td><td>Tarea 4<br>6 preguntas de opción múltiple. Reseñas y textos biográficos de personajes de actualidad, guías de viaje, etc. Entre 375 y 425 palabras.</td></tr>
<tr><td>Prueba 2</td><td>40 min<br>25 preguntas</td><td>Tarea 1<br>6 preguntas de opción múltiple. 6 conversaciones cortas en situaciones cotidianas.</td><td>Tarea 2<br>6 preguntas de opción múltiple. 6 noticias, anuncios o avisos de eventos breves de la radio.</td><td>Tarea 3<br>Relacionar 6 frases con la persona correspondiente. Una conversación sobre temas cotidianos.</td><td>Tarea 4<br>Relacionar 7 frases con mensajes. Avisos y anuncios publicitarios de radio o mensajes de contestador.</td></tr>
<tr><td>Prueba 3</td><td>45 min<br>2 textos</td><td colspan="2">Tarea 1<br>Responder con un texto breve a un mensaje (carta, mensaje electrónico, invitación, nota, etc.) de unas 40 palabras.<br>Entre 60 y 70 palabras.</td><td colspan="2">Tarea 2<br>Escribir un texto sobre:<br>Opción 1: un tema cotidiano de la vida personal del candidato.<br>Opción 2: texto narrativo o biográfico a partir de fotos o datos.<br>Entre 70 y 80 palabras.</td></tr>
<tr><td>Prueba 4</td><td>24 min:<br>12 min de preparación<br>+<br>12 min de conversación</td><td>Tarea 1<br>2-3 min<br>Presentar un tema relacionado con la vida cotidiana del candidato. El candidato habla solo. El examinador puede preguntar.</td><td>Tarea 2<br>2-3 min<br>Describir una fotografía que representa una escena cotidiana. El candidato habla solo. El examinador puede preguntar.</td><td colspan="2">Tarea 3<br>3-4 min<br>Una conversación en una situación simulada relacionada con la fotografía de la tarea 2.</td></tr>
</table>

**Fuente: Instituto Cervantes**

El examen tiene **dos citas**: una para la parte escrita (pruebas 1, 2 y 3) y otra para la entrevista (prueba 4). Recibes las citas del **centro de examen** donde te matriculas.

**Primera cita (pruebas 1, 2 y 3)**. Normalmente por la mañana, de 9:00 a 12:00 (entre la prueba 2 y la prueba 3, a las 10:45, hay una pausa de 30 minutos). El día del examen el responsable de la sala te entrega un **cuadernillo** donde están los textos y las preguntas de las pruebas, y unas hojas para escribir las respuestas y los textos. También recibes un bolígrafo, lápiz y goma. Solo se evalúa lo que se escribe en las **Hojas de respuestas**, que tienen tu nombre.

En la página 174, tienes una Hoja de respuestas para fotocopiar.

**Segunda cita (prueba 4).** Puede ser el mismo día por la tarde u otro día diferente. El personal del centro de examen te recibe y te da todas las instrucciones y materiales que necesitas para preparar la entrevista. Probablemente habla tu idioma.

Para más información sobre el examen: https://examenes.cervantes.es/a1a2/default.htm

# Planea tu preparación

**¡Atención!** En esta página empieza tu preparación del examen.

Observa bien la estructura del examen. Observa ahora la siguiente fotografía. Puedes ver a candidatos que hacen un examen DELE.

Imagina que tú eres una de esas personas. ¿Qué piensas? ¿Qué sientes? Anota tu comentario, en español o en tu idioma.

..........................................................................................

..........................................................................................

..........................................................................................

El objetivo del examen DELE es comprobar que tienes el nivel A2. Para **demostrarlo**, tienes unas tareas agrupadas en cuatro pruebas. El resultado correcto es **APTO**. El examen DELE no tiene nota.

Hacer un examen es una **actividad individual**: no tienes ayuda para responder a las preguntas o para escribir los textos. Por eso, la preparación del examen es también una actividad individual. ***Crono A2*** te ayuda a organizar tu preparación de forma autónoma con el **calendario de preparación** que tienes en la página siguiente. Así puedes hacer todos los modelos de examen sin sentir la presión del tiempo.

Este libro trabaja también la **parte emocional** de la preparación y del examen. Hacer un examen de idioma es una situación en la que el candidato tiene la sensación de perder el control. Los autores entendemos que parte de la preparación consiste en **aumentar la sensación de control** sobre el examen. Eso te da seguridad, mejora tus resultados y asegura, en consecuencia, el APTO.

Para aumentar la sensación de control, cada prueba de cada modelo de examen tiene una **tarea previa** que ofrece información sobre la estructura y sobre las habilidades necesarias en cada tarea. Una serie de fotografías e imágenes presentes en el libro te permiten **visualizar** la situación. En la **ELEteca** tienes actividades interactivas para desarrollar habilidades de examen. Además, junto a las soluciones hay unas tablas para **medir** la sensación de control:

Marca en esta línea qué **sensación de control** tienes de esta prueba.

**Mínimo control** 1 ☐ 2 ☐ 3 ☐ 4 ☐ 5 ☐ 6 ☐ 7 ☐ 8 ☐ 9 ☐ 10 ☐ **Máximo control**

¿Cómo explicas esos resultados? ¿Cómo puedes mejorar? Escribe tu comentario, en español o en tu lengua.

..........................................................................................

..........................................................................................

..........................................................................................

## En resumen: planea con cuidado tu preparación.

# Calendario de preparación del examen DELE A2

**Mi fecha de examen:** .......... *de* ....................... *de 20...*

| Modelo de examen | Prueba | Fecha | Resultado |
|---|---|---|---|
| **Modelo n.º 1** | Prueba 1<br>60 min | | |
| | Prueba 2<br>40 min | | |
| | Prueba 3<br>45 min | | |
| | Prueba 4<br>24 min | | |
| **Modelo n.º 2** | Prueba 1<br>60 min | | |
| | Prueba 2<br>40 min | | |
| | Prueba 3<br>45 min | | |
| | Prueba 4<br>24 min | | |
| **Modelo n.º 3** | Prueba 1<br>60 min | | |
| | Prueba 2<br>40 min | | |
| | Prueba 3<br>45 min | | |
| | Prueba 4<br>24 min | | |
| **Modelo n.º 4** | Prueba 1<br>60 min | | |
| | Prueba 2<br>40 min | | |
| | Prueba 3<br>45 min | | |
| | Prueba 4<br>24 min | | |
| **Modelo n.º 5** | Prueba 1<br>60 min | | |
| | Prueba 2<br>40 min | | |
| | Prueba 3<br>45 min | | |
| | Prueba 4<br>24 min | | |
| **Modelo n.º 6** | Prueba 1<br>60 min | | |
| | Prueba 2<br>40 min | | |
| | Prueba 3<br>45 min | | |
| | Prueba 4<br>24 min | | |
| **Modelo n.º 7** | Prueba 1<br>60 min | | |
| | Prueba 2<br>40 min | | |
| | Prueba 3<br>45 min | | |
| | Prueba 4<br>24 min | | |

# Resumen de contenidos principales

Fuente: *Plan curricular del Instituto Cervantes*

Esta selección es una guía para la **autoevaluación** de los textos escritos y orales. En la **ELEteca** tienes un documento más completo.

## GRAMÁTICA

1. **El sustantivo y el adjetivo.** Género y número. Concordancia entre adjetivo y sustantivo.
2. **El artículo.** *El, la, un, una.* Aparición o ausencia del artículo, en especial junto a preposiciones.
3. **Preposiciones.** En especial: *a, de, por, para.* Preposiciones de lugar y de tiempo. Uso con verbos.
4. **Pronombres personales.** *Yo/me, tú/te, él, ella usted/lo, la/le/se...* Aparición o ausencia. Colocación y cambio de posición.
5. **Pronombres demostrativos.** *Este, ese, aquel.* Aparición en marcadores temporales y en textos para hacer referencias a palabras anteriores.
6. **Otros pronombres.** Posesivos: *mi, tu, su...* Interrogativos: *qué, cuál, quién...* Indefinidos: *algún, ningún...*
7. **El verbo.**
   - Usos del presente, futuro y presente de subjuntivo.
   - Usos de los tiempos del pasado: *he hecho/hice/hacía.*
   - Usos del imperativo. Formas afirmativas y negativas e irregulares: *habla, sal...* Con pronombres personales: *dime, dale...*
   - Usos del infinitivo, del participio y del gerundio: *hablar/hablado/hablando.*
   - Estructuras impersonales con *se*: *se dice, se habla, se escribe...*
   - Perífrasis verbales: *volver a, ir a, acabar de, empezar a...*
8. **Oración simple.**
9. **Oración compuesta por coordinación.** *y/o/pero...*
10. **Oración compuesta por subordinación.** Relaciones lógicas: de tiempo *(cuando, mientras)*, de causa *(porque)*, de consecuencia *(por eso)*, de condición *(si)*, adversativas *(aunque)*.

## FUNCIONES COMUNICATIVAS

1. **Pedir y dar información.** Identificar, pedir confirmación, describir imágenes, contar pequeñas historias.
2. **Expresar opiniones, actitudes y conocimientos.** Valorar, expresar certeza y posibilidad, expresar obligación, pedir permiso, preguntar por el conocimiento o por la habilidad para hacer algo.
3. **Expresar gustos, preferencias, deseos y sentimientos.** Hablar de planes e intenciones, hablar del estado de ánimo y de sensaciones físicas.
4. **Influir en la persona con la que se habla.** Dar órdenes, consejos e instrucciones, dar permiso, proponer y aceptar o rechazar una propuesta, advertir de algo.
5. **Relacionarse socialmente.** Saludar, presentarse, dar la bienvenida, disculparse, felicitar, formular buenos deseos, despedirse.
6. **Organizar el discurso.** Establecer, interrumpir, continuar y terminar la comunicación; organizar la información y establecer relaciones lógicas entre los hechos.

## VOCABULARIO

El Instituto Cervantes establece cuatro **ámbitos**: personal, público, laboral y académico.

1. Actividades habituales, horarios.
2. Participación en eventos públicos: actividades de tiempo libre, cursos, concursos, etc.
3. Descripción física y de carácter de personas.
4. Descripción de lugares personales: la casa, el coche, etc.
5. Descripción de lugares públicos: la calle, parques y plazas públicas, etc.
6. Viajes: medios de transporte, alojamiento, etc.
7. El trabajo: descripción del lugar de trabajo, profesiones, relaciones laborales, etc.
8. La salud.
9. El consumo: hacer la compra, ir de compras, productos, precios, etc.

**Consejo.** Consulta el documento completo en la **ELEteca.** https://eleteca.edinumen.es/login/index.php

# Modelo de examen n.º 1



Este modelo de examen n.º 1 es tu primer contacto con el examen. Las tareas previas te dan información concreta sobre cada prueba, es importante hacerlas para tener un buen resultado. Las claves, que puedes encontrar en el cuadernillo o en la ELEteca, tienen más información, comentarios y consejos que te servirán en el siguiente modelo de examen. La lista de vocabulario te ayuda, también, a completar tu preparación y a mejorar los resultados en el siguiente modelo.

# Prueba de Comprensión de lectura

## Tarea previia

Esta tarea no pertenece al examen real. Te ayuda a preparar la prueba 1.

**1. Antes de empezar esta prueba, responde a las siguientes preguntas:**

1. ¿Cuánto tiempo dura esta prueba? ..........
2. ¿Cuántos ejercicios debo hacer? En el examen se llaman ***tareas***. ..........

**Marca con una X.**

| | Sí | No |
|---|---|---|
| 3. ¿Todos los textos son del mismo tipo? | ☐ | ☐ |
| 4. ¿Los textos tienen imágenes que me ayudan a hacer los ejercicios? | ☐ | ☐ |
| 5. ¿En todas las tareas debo hacer el mismo tipo de ejercicio? | ☐ | ☐ |
| 6. ¿Los ejercicios son como los de los libros de español? | ☐ | ☐ |
| 7. ¿Debo escribir las respuestas de las preguntas? | ☐ | ☐ |
| 8. ¿Los textos son auténticos? | ☐ | ☐ |
| 9. ¿Tengo que hacer las tareas en el orden del examen? | ☐ | ☐ |
| 10. ¿Todas las tareas tienen el mismo número de preguntas? | ☐ | ☐ |

**2. Lee y comprueba tus respuestas.**

La prueba tiene **4 tareas**. Hay que responder a **25 preguntas** en total. Las respuestas no se escriben, se marcan en una hoja especial: la **Hoja de respuestas** (al final del manual hay modelos para fotocopiar). Las instrucciones de las pruebas están redactadas en estilo formal *(usted)*. No todos los textos son originales, algunos están adaptados al nivel A2.

| 60 min | Objetivo | Tarea | Tipo de texto |
|---|---|---|---|
| Tarea 1 | Entender la idea general e información concreta en un texto. | **5 preguntas** con 3 opciones cada una. Seleccionar la opción correcta. | Cartas personales, mensajes electrónicos, etc. De **250** a **300 palabras**. |
| Tarea 2 | Identificar y entender información concreta en 8 textos. | **8 preguntas** con 3 opciones cada una. Seleccionar la opción correcta. | Anuncios publicitarios, folletos, carteles, convocatorias, avisos, blogs, foros, etc. De **50** a **80 palabras** cada texto. |
| Tarea 3 | Encontrar y entender información concreta en 3 textos. | **6 preguntas**. Se responde identificando uno de los textos. | Textos personales que narran experiencias. De **100** a **120 palabras** cada texto. |
| Tarea 4 | Entender las ideas principales y los cambios de tema de un texto. | **6 preguntas** con 3 opciones cada una. Seleccionar la opción correcta. | Reseñas y textos biográficos de personajes de actualidad, diarios, cuentos, guías de viaje, etc. De **375** a **425 palabras**. |

**Fuente: Instituto Cervantes**

Las palabras de mayor dificultad están en la sección de vocabulario para traducirlas a tu lengua.

Es muy importante medir el tiempo que necesitas en cada tarea. Utiliza un reloj o un cronómetro.

***Cuaderno de claves***, página 6.

## ¡Ya puedes empezar esta prueba!

# Prueba de Comprensión de lectura

Esta prueba tiene **cuatro tareas**. Usted debe responder a 25 preguntas.

La duración es de 60 minutos.

Marque las opciones elegidas en la **Hoja de respuestas**.

Pon el reloj al principio de cada tarea.

## Tarea 1

**INSTRUCCIONES**

Usted va a leer el correo electrónico que Aki, una estudiante japonesa, ha escrito a su profesora Esther. A continuación, conteste a las preguntas (de la 1 a la 5). Seleccione la opción correcta (A, B o C).

Marque las opciones elegidas en la **Hoja de respuestas**.

Asunto: Toma de contacto

¡¡¡Hola, Esther!!!

No nos conocemos, pero he oído muchas cosas buenas de ti ☻. Me llamo Aki, soy hermana de Sayano, del Mochiron Gesthouse de Tokio. Estuvisteis tú y tu novio hace un tiempo alojados en casa cuando yo no estaba, y mi hermana me habló de vosotros. Me ha contado que os lo pasasteis muy bien y que tenéis un recuerdo muy agradable de la visita.

Yo voy a pasar un mes en Madrid, el mes de octubre, quizá un poco más, ya veremos. Tengo un contrato de un mes en una agencia de turismo especializada en Japón, y como hablo español y conozco el tema, me han contratado para aconsejar sobre el país y dar información práctica a los turistas. Lo que pasa es que no he encontrado un alojamiento cercano y barato, y por eso mi hermana ha pensado que, a lo mejor, vosotros podéis alquilarme la habitación que tenéis libre en vuestro piso.

Yo llego el jueves 25 de septiembre. Para los primeros días ya tengo habitación en una pensión, así que, si os parece bien, podemos quedar para tomar un café o algo y hablar del tema. Bueno, es solo una idea.

Mi móvil se rompió el otro día y ya no tengo, así que mi único medio de comunicación es el correo electrónico, y aún no tengo conexión en España desde mi ordenador personal, pero suelo mirar el correo a menudo y puedo buscar un cibercafé. Si queréis, también os puedo llamar a mi llegada a Madrid. Lo malo es que no tengo vuestro número, ¿me lo podéis enviar?

Un saludo desde Tokio,

Aki

**PREGUNTAS**

**1. Aki escribe el mensaje...**
- a) para recordar un viaje a Japón.
- b) porque está buscando alojamiento.
- c) para pedir información sobre Madrid.

**2. Esther y su novio conocen...**
- a) a Aki.
- b) a la hermana de Aki.
- c) a las dos hermanas.

**3. Durante el mes de octubre...**
- a) Aki va a trabajar en Madrid.
- b) Esther va a estar en Japón.
- c) una agencia de turismo va a contratar a Esther.

**4. El día 25 de septiembre...**
- a) Aki va a tomar un café con Esther y su novio.
- b) Esther va a buscar una pensión para Aki.
- c) Aki va a dormir en una pensión.

**5. El problema es que...**
- a) Aki no tiene ordenador.
- b) Esther no tiene móvil.
- c) Aki no tiene móvil.

Anota aquí cuánto tiempo has necesitado: ......................... Pon de nuevo el reloj.

**INSTRUCCIONES**

Usted va a leer ocho anuncios. A continuación, responda a las preguntas (de la 6 a la 13). Seleccione la opción correcta (A, B o C). Marque las opciones elegidas en la **Hoja de respuestas**.

**Ejemplo:**

**TEXTO 0**

Universidad de Alicante — 25 Aniversari Universitat d'Alacant

El Vicerrectorado de Extensión Universitaria presenta el

**Concierto del 25 Aniversario**

**Toca:** la Banda Filarmónica Universitaria (FUA)

Con **Jon Iborra** al frente de la FUA, el recital se celebrará el próximo miércoles **3 de marzo** a las **20.30 horas**, en el **Teatro Principal** de Alicante.
El programa incluye *Ross Roy* de J. DE HAAN y *Concierto para piano y orquesta en La menor* de E. GRIEG.

**0.** Este texto anuncia un concierto...
a) con obras de dos compositores.
b) en la universidad de la ciudad.
c) para el día 25.

La opción correcta es la A porque el programa incluye obras de J. de Haan y de E. Grieg.

**0.** A ■ B ☐ C ☐

**TEXTO 1**

PROGRAMA DE POSGRADO DE LA UNDE

Curso de Experto Profesional en

**Energía Fotovoltaica**

- **Objetivo de los cursos:** formación completa de profesionales como especialistas en Energía Fotovoltaica.
Curso **a distancia** personalizado con acceso a internet usando la metodología y la experiencia de la UNDE.
- **Titulación:** los alumnos que superen el curso obtendrán el título oficial de Experto Profesional en Energía Fotovoltaica por la **UNDE**.
- **Matrícula directa:** fecha límite, 31 de octubre.

**Información:** web de los cursos: **http://volta.lec**

**6.** La UNDE ofrece un curso...
a) con profesores con experiencia.
b) por internet.
c) para expertos en energía.

**TEXTO 2**

**¿Estás interesado en aprender vyayam yoga?**
**¿Quieres armonizar tu cuerpo-mente?**

Desde este momento tienes ante ti la posibilidad de conocer y aproximarte a una muy antigua y al mismo tiempo nueva técnica de Yoga Dinámico, llamada Vyayam Yoga. Esta Gimnasia Energética es en India la base del entrenamiento a actores, bailarines y practicantes de Artes Marciales.

**7.** Según el anuncio, esta forma de yoga...
a) aún no se puede practicar.
b) sirve tanto para el cuerpo como para la mente.
c) los actores de todo el mundo ya la practican.

**TEXTO 3**

ESTUDIA EN
**ALEMANIA**
UNA BUENA INVERSIÓN PARA TU FUTURO

CURSOS Y EXÁMENES DE ALEMÁN en MADRID, BARCELONA, GRANADA, SAN SEBASTIÁN, ALCALÁ DE HENARES, COLMENAREJO

ESTUDIO E INVESTIGACIÓN EN ALEMANIA

**Infórmate** sobre: todas las carreras de las universidades alemanas, titulaciones internacionales y másteres oficiales.
Becas y subvenciones
Consejos prácticos y útiles
Asesoramiento personal

¡Ponte en contacto con nosotros!

**AIPA** Centro de Información - Teléf./Fax 902 678 222

**8.** El AIPA ofrece para informarse...
a) consejos prácticos.
b) una dirección de correo electrónico.
c) un número de teléfono.

**TEXTO 4**

Dibujo de Cómic y Manga (I Nivel)

**Historietas • El Dibujo a través de Figuras y Cuerpos Geométricos • Dibujos de Rostros y Personajes del Cómic y Manga.**

Dirigido a: • Niños y niñas de 7 a 12 años
• Jóvenes y adolescentes de 12 a 16 años

Cupos limitados. Se entregará Certificado de Asistencia.

Duración: 12 horas (3 sesiones de 4 horas)
Días: sábados 18 y 25 de marzo y 1 de abril
Lugar: Av. Andrés Bello. Casa Nacional del Periodista. Caracas, Venezuela.

**9.** Para hacer estos cursos es necesario...
a) saber dibujar cómics.
b tener más de 7 años.
c) ser venezolano.

**TEXTO 5**

# ARQUEOBINGO

**POPOL VUH**

Durante todo el mes de diciembre, ven a visitar el museo y acepta el reto de resolver nuestro arqueobingo. Si encuentras todas las respuestas, te llevas una linda sorpresa.

Para niños de 7 a 12 años

**10.** Durante el mes de diciembre, en el Popol Vuh...
a) invitan a los niños a visitar un museo.
b) visitar el museo arqueológico es gratis.
c) hay sorpresas para los niños de 7 a 12 años.

**TEXTO 6**

**SE NECESITAN:**
**DIRECTORES, COORDINADORES Y MONITORES DE TIEMPO LIBRE,**

CON CONOCIMIENTOS DE INGLÉS, PARA CAMPAMENTOS INTERNACIONALES EN MADRID, SALAMANCA Y MARBELLA DURANTE JULIO Y AGOSTO

**Se ofrece: contrato laboral y sueldo según experiencia.**

Los interesados pueden enviar CV a
e-mail: ecfocamp@ecfoten.ex (A la atención de María Vicario)

**11.** Ecfocamp necesita para julio y agosto...
a) contactar con María Vicario.
b) personal para sus campamentos.
c) un contrato laboral.

**TEXTO 7**

**AGUAS DE ALICANTE**

AVISO DE CORTE

CON MOTIVO DE LAS OBRAS DE MEJORA DE LA RED, LES COMUNICAMOS QUE EL DÍA 20-8-08, A LAS 8.00 H, SE PROCEDERÁ AL CORTE DEL SUMINISTRO DE AGUA POTABLE CON UNA DURACIÓN APROXIMADA DE 2 HORAS.

DISCULPEN LAS MOLESTIAS

**12.** El texto avisa de que el día 20...
a) van a hacer reformas en la calle.
b) el agua no va a ser potable.
c) no va a haber agua para beber.

**TEXTO 8**

**¿QUIERES TRABAJAR CON NOSOTROS?**

Franquicia dedicada a la venta de calzado deportivo busca personal para trabajar de cara al público en varios establecimientos de Valencia y Barcelona. Horario flexible de 8 horas entre las 7:00 y las 20:00 todos los días menos lunes. Empiezas el mes que viene. Tendrás un curso de formación antes de empezar. Realizamos entrevistas todos los días de lunes a viernes en nuestras oficinas (Avd. de la República, n.º 11). Si tienes experiencia y ganas, envía un correo electrónico a zapatoss@indurais.es para pedir cita.

**13.** En el anuncio se dice que...
a) es necesario conocer el tipo de trabajo.
b) hay que enviar un mensaje con información personal.
c) el trabajo es de cajero en un supermercado.

Anota aquí cuánto tiempo has necesitado: ............................ Pon de nuevo el reloj.

## Tarea 3

**INSTRUCCIONES**

Usted va a leer tres textos de tres españoles que hablan de su vida laboral en el país donde viven. Relacione las preguntas (de la 14 a la 19) con los textos (A, B o C). Marque las opciones elegidas en la **Hoja de respuestas**.

**PREGUNTAS**

| | A. JULIÁN | B. LAURA | C. MERCHE |
|---|---|---|---|
| **14.** ¿Quién tuvo una primera impresión negativa del país donde vive? | ☐ | ☐ | ☐ |
| **15.** ¿Quién encontró alojamiento gracias a un conocido? | ☐ | ☐ | ☐ |
| **16.** ¿Quién conoció a una persona que le habló de la ciudad donde vive? | ☐ | ☐ | ☐ |
| **17.** ¿Quién conoció a personas que le propusieron trabajar en ese país? | ☐ | ☐ | ☐ |
| **18.** ¿Quién creó una empresa en el país donde vive? | ☐ | ☐ | ☐ |
| **19.** ¿Quién conoció a su pareja en el país donde vive? | ☐ | ☐ | ☐ |

**TEXTOS**

**A. JULIÁN**

Después de mis estudios de turismo, no sabía qué hacer, solo sabía que quería viajar, así que me fui a EE. UU., pero no tuve suerte, conseguir el permiso de trabajo era muy difícil. Decidí visitar México, y aquí conocí a la que ahora es mi mujer, aunque al principio la relación tuvo muchos problemas porque su padre no me quería, prefería a un mexicano. Al final, su familia me aceptó y abrimos un restaurante de comida española, ¡en México! Yo tenía mucho miedo, pero lo curioso es que tuvimos mucho éxito. Mañana abrimos el segundo restaurante.

**B. LAURA**

Hace cinco años, mi hermana se trasladó aquí, a Alemania, a Aquisgrán, que es una ciudad pequeña cerca de Holanda. La fui a visitar y me pareció un país aburrido, pero en el viaje conocí a una alemana de Berlín que habla español y que me habló muy bien de su ciudad. Un mes después, perdí mi trabajo en España, y me acordé de la alemana del tren. La llamé y me dijo que no estaba en Berlín, pero que me alquilaba su habitación en un piso compartido. Pensé quedarme un mes, y ya llevo casi cinco años. Trabajo de profesora de español en una academia de idiomas pequeña, pero he conocido a mucha gente interesante. Ahora me encanta Alemania.

**C. MERCHE**

Yo vine a Suiza por primera vez hace cuatro años. Soy ingeniera de telecomunicaciones, y vine a un congreso. Conocí algunas empresas pequeñas que me ofrecieron trabajo, y no lo pensé dos veces, en España solo tenía contratos temporales y estaba harta, aquí gano más dinero y tengo contrato fijo. Mi amigo Juan, que vivía en el norte de Italia, muy cerca de la frontera, y que habla alemán, además de italiano, me ayudó con el apartamento y después nos hicimos novios. Él se vino a vivir conmigo y hace un par de meses nació nuestro primer hijo. En Suiza tenemos mucha ayuda del Estado para poderlo criar, así que estamos muy contentos.

Anota aquí cuánto tiempo has necesitado: .......................... Pon de nuevo el reloj.

## Tarea 4

**INSTRUCCIONES**

Usted va a leer un artículo de una azafata de congresos, Raquel Ares, en el que habla de su experiencia laboral. A continuación, conteste a las preguntas (de la 20 a la 25). Seleccione la opción correcta (A, B o C).

Marque las opciones elegidas en la **Hoja de respuestas**.

### Mi experiencia como azafata de la Copa Davis

Raquel Ares - Alumna de Periodismo de la Universidad Carlos III de Madrid - 25/11/2019

Mis compañeras de clase me convencieron para apuntarme a trabajar como azafata en la Copa Davis. Mi idea de estudiante era ganar un poco de dinero. La oferta prometía una experiencia única disfrutando del mundo del tenis.

La primera prueba era una entrevista vía *webcam*. Mis amigas y yo pasamos a la siguiente fase: una dinámica de grupo en las oficinas de la empresa. Llegué a las oficinas, éramos unas veinte personas en una sala donde nos explicaron las condiciones de trabajo sin mucho detalle. Nos pidieron nuestras tallas para el uniforme. Nos dijeron que el salario era de 7.19 € la hora. Una amiga no aceptó el trabajo. Esperábamos más, desde luego, pero nos parecía una oportunidad interesante trabajar como azafata en la Copa Davis.

Lo siguiente fue un curso de formación en la Caja Mágica en el que nos dieron muy poca información. Éramos aproximadamente 300 personas y nos llamaban por grupos para darnos nuestra función. A mí me tocó control de entrada. Nos explicaron las normas. Esa mañana descubrimos que el tiempo de la formación no nos lo pagaban. Recogimos los uniformes: un polo de manga larga y tela fina, un pantalón de chándal de algodón y un anorak para protegernos del frío. Comencé a trabajar el segundo día del evento. Algunas de mis compañeras me dijeron que no las trataron bien el día anterior. Nos repartieron las credenciales y nos presentaron al jefe de equipo. La verdad es que los jefes de grupo fueron siempre muy amables con nosotras y nos trataron con respeto.

En mi opinión, uno de los problemas del trabajo fue la mala organización y el frío de las instalaciones. Los tiempos de descanso eran pocos y cortos, las jornadas de trabajo demasiado largas. No teníamos sillas para sentarnos en los descansos.

Trabajé en la Copa Davis dos días. Me protegí del frío como pude. Media hora antes de cada partido entraba mucha gente, pero el resto del tiempo estábamos de pie sin actividad. Nadie nos ofreció comida ni bebida. No volví el tercer día, pero tengo amigas que se quedaron hasta el final de la Copa Davis. Me contaron que las condiciones no fueron mejores, al revés. Los trabajadores empezaron a protestar por los grupos de *Whatsapp*. Muchos no pudieron ni ir al baño durante su jornada.

España ganó la Copa Davis, pero para nosotros fue una experiencia amarga porque trabajamos en condiciones indignas.

Adaptado de https://www.eldiario.es/madrid/Azafata-Copa—Davis_0_967304133.html

**PREGUNTAS**

**20. Raquel empezó a trabajar en la Copa Davis...**
a) porque no ganaba bastante dinero.
b) gracias a unos familiares.
c) aunque no tenía especial interés.

**21. En el texto se dice que la empresa...**
a) pagaba todo el salario al final del trabajo.
b) les dio un uniforme para el trabajo.
c) pagaba más de ocho euros la hora.

**22. Según Raquel, en la tercera fase...**
a) tuvo que pagar su uniforme.
b) les dieron información muy exacta.
c) le dijeron qué iba a hacer.

**23. En el texto se dice que Raquel...**
a) no tuvo problemas con los jefes de grupo.
b) empezó a trabajar junto a sus compañeras.
c) sintió personalmente un mal trato.

**24. En el texto, Raquel se queja...**
a) de la calidad de los muebles.
b) de que pocas de ellas descansaban.
c) del clima de la ciudad durante esos días.

**25. Según el texto, Raquel...**
a) no estaba satisfecha con la experiencia.
b) trabajó más que las otras chicas.
c) vio muchos partidos de pie.

Anota aquí cuánto tiempo has necesitado: ...........................

***Cuaderno de claves***, páginas 6-8.

# Prueba de Comprensión auditiva

## Tarea previia

Esta tarea no pertenece al examen real. Te ayuda a preparar la prueba 2.

**1. Antes de empezar esta prueba, responde a las siguientes preguntas:**

1. ¿Cuánto tiempo dura esta prueba? ..........
2. ¿Cuántas tareas tiene esta prueba? ..........

**Marca con una X.**

| | Sí | No |
|---|---|---|
| 3. ¿Tengo que entender la idea general de los textos? | ☐ | ☐ |
| 4. ¿Tengo que relacionar textos con imágenes? | ☐ | ☐ |
| 5. ¿Hay que comprender datos concretos? | ☐ | ☐ |
| 6. ¿Hay que escribir las respuestas? | ☐ | ☐ |
| 7. ¿Solo hay diálogos? | ☐ | ☐ |
| 8. ¿Voy a escuchar todos los textos dos veces? | ☐ | ☐ |
| 9. ¿Tengo que hacer las tareas en el orden del examen? | ☐ | ☐ |
| 10. (Escribe tu pregunta) | ☐ | ☐ |

**2. Lee y comprueba tus respuestas.**

La prueba tiene **4 tareas**. Hay que responder a **25 preguntas** en total. Como en la prueba 1, las respuestas se marcan en la **Hoja de respuestas** (al final del manual hay modelos para fotocopiar). No se puede cambiar el orden de las tareas. Las instrucciones de las pruebas están redactadas en estilo formal *(usted)*. Solo las tareas 3 y 4 ofrecen tiempo para leer las preguntas.

| 40 min | Objetivo | Tarea | Tipo de texto |
|---|---|---|---|
| Tarea 1 | Entender las ideas principales. | **6 preguntas** con 3 opciones con imágenes cada una. Seleccionar la opción correcta. | 6 conversaciones cortas en situaciones cotidianas. De **50** a **80 palabras** cada una. |
| Tarea 2 | Entender la idea general. | **6 preguntas** con 3 opciones cada una. Seleccionar la opción correcta. | 6 noticias, anuncios o avisos de eventos breves de la radio. De **40** a **60 palabras** cada texto. |
| Tarea 3 | Entender la idea general e informaciones concretas. | Relacionar **6 frases** (enunciados) con la persona a la que corresponden. | Una conversación entre dos personas sobre temas cotidianos. De **225** a **275 palabras**. |
| Tarea 4 | Entender la información principal. | Relacionar **7 frases** (enunciados) con el mensaje correspondiente. | Avisos, instrucciones, anuncios publicitarios o mensajes de contestador, megafonía o radio. De **30** a **50 palabras** cada uno. |

**Fuente: Instituto Cervantes**

Es muy importante medir el tiempo que necesitas en cada tarea. Utiliza un reloj o un cronómetro.

Si crees que en este modelo de examen n.º 1 las transcripciones de las audiciones te pueden ayudar a entender cómo funciona esta prueba del examen, puedes encontrarlas en la ELEteca (https://eleteca.edinumen.es), pero recuerda que en el examen real **no las tienes**. Las palabras más complicadas de las transcripciones están en la sección de vocabulario para traducirlas a tu lengua.

***Cuaderno de claves***, página 8.

## ¡Ya puedes empezar esta prueba!

# Prueba de Comprensión auditiva

Esta prueba tiene **cuatro tareas**. Usted debe responder a 25 preguntas.

La duración es de 40 minutos.

Marque las opciones elegidas en la **Hoja de respuestas**.

## Tarea 1

Escucha la pista n.º 1 hasta el final. No uses nunca el botón de pausa.

**INSTRUCCIONES**

Usted va a escuchar seis conversaciones. Escuchará cada conversación dos veces. Después, tiene que contestar a las preguntas (de la 1 a la 6). Seleccione la opción correcta (A, B o C).

Marque las opciones elegidas en la **Hoja de respuestas**.

**A continuación va a oír un ejemplo:**

**0.** ¿Cuál es el problema de la turista del *camping*?

A

B

C

La opción correcta es la C. En el *camping* no recogen las basuras. Ahora va a escuchar las seis conversaciones.

**0.** A☐ B☐ C■

**CONVERSACIÓN 1**

**1.** ¿Quién tiene problemas de salud?

A

B

C

**CONVERSACIÓN 2**

**2.** ¿Qué compra el hombre?

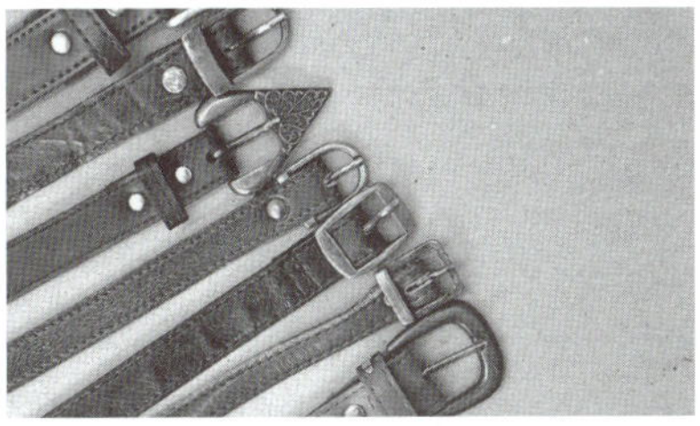
A

B

C

## CONVERSACIÓN 3

**3.** ¿Qué medio de transporte le recomienda el hombre?

A

B

C

## CONVERSACIÓN 4

**4.** ¿Qué tipo de libro busca el cliente?

A

B

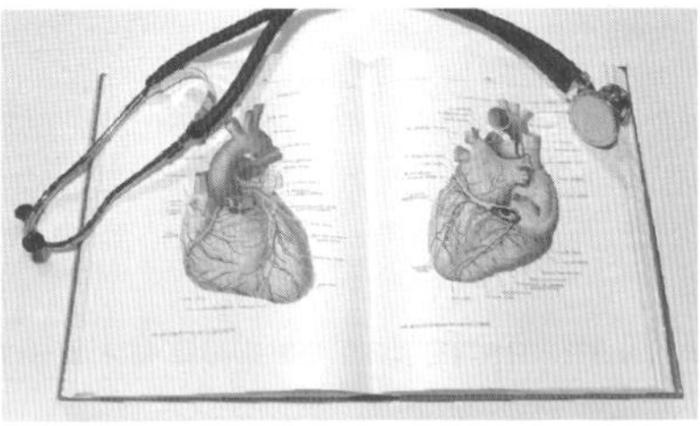
C

## CONVERSACIÓN 5

**5.** ¿Qué le gusta al chico?

A

B

C

## CONVERSACIÓN 6

**6.** ¿Dónde trabaja ahora Clara?

A

B

C

## Tarea 2

Escucha la pista n.º 2 hasta el final. No uses nunca el botón de pausa.

**INSTRUCCIONES**

Usted va a escuchar seis anuncios o fragmentos de un programa de radio y tiene que responder a seis preguntas. Cada audición se repite dos veces. Lea las preguntas (de la 7 a la 12) y seleccione la opción correcta (A, B o C).

Marque las opciones elegidas en la **Hoja de respuestas**.

**A continuación va a oír un ejemplo:**

**0.** Según la audición, Rocío Santoña...
- a) ahora vende en una tienda.
- b) ha grabado otro disco.
- c) ha escuchado nuevas canciones.

La opción correcta es la B porque habla de nuevas canciones y nuevos ritmos.

**0.** A ☐ B ■ C ☐

**PREGUNTAS**

**AUDIO 1**

**7.** En el programa de esta noche...
- a) se habla de la ciudad de Melilla.
- b) regalan dos entradas.
- c) se puede ganar un premio.

**AUDIO 2**

**8.** Este anuncio es de...
- a) una tienda de ropa para profesionales.
- b) una escuela profesional.
- c) una zapatería.

**AUDIO 3**

**9.** Una persona puede comprar la radio...
- a) si llama por teléfono.
- b) en tiendas de informática.
- c) solo durante el primer mes.

**AUDIO 4**

**10.** En esta audición anuncian...
- a) cómo inscribirse en cursos de cocina.
- b) libros de cocina regional.
- c) un nuevo restaurante.

**AUDIO 5**

**11.** El polideportivo informa de que...
- a) no tiene actividad durante una semana.
- b) la piscina va a cerrar unos días.
- c) el entrenamiento de baloncesto es en otro lugar.

**AUDIO 6**

**12.** Esta página web ofrece...
- a) viajes para estudiantes de idiomas.
- b) regalos para estudiantes.
- c) contacto con otros estudiantes de idiomas.

## Tarea 3

Escucha la pista n.º 3 hasta el final. No uses nunca el botón de pausa.

**INSTRUCCIONES**

Usted va a escuchar una conversación entre dos amigos, Eduardo y Sabina. Indique si los enunciados (del 13 al 18) se refieren a Eduardo (A), a Sabina (B) o a ninguno de los dos (C). Escuchará la conversación dos veces.

Marque las opciones elegidas en la **Hoja de respuestas**.

**Ahora tiene 30 segundos para leer los enunciados.**

| | A. EDUARDO | B. SABINA | C. NINGUNO DE LOS DOS |
|---|---|---|---|
| **0.** Ha llegado antes. | ☒ | ☐ | ☐ |
| **13.** Necesita una vivienda nueva. | ☐ | ☐ | ☐ |
| **14.** Le recomienda una casa con jardín. | ☐ | ☐ | ☐ |
| **15.** Le sugiere seguir buscando. | ☐ | ☐ | ☐ |
| **16.** Se ha decidido ya. | ☐ | ☐ | ☐ |
| **17.** Se queja de donde vive. | ☐ | ☐ | ☐ |
| **18.** Tiene una cita con un amigo más tarde. | ☐ | ☐ | ☐ |

## Tarea 4

Escucha la pista n.º 4 hasta el final. No uses nunca el botón de pausa.

**INSTRUCCIONES**

Usted va a escuchar ocho mensajes, incluido el ejemplo. Cada mensaje se repite dos veces. Seleccione el enunciado (del A al J) que corresponde a cada mensaje (del 19 al 25).

Marque las opciones elegidas en la **Hoja de respuestas**.

**A continuación va a oír un ejemplo:**

La opción correcta es la letra F porque habla de contratos que hay que firmar.

**0.** A ☐ B ☐ C ☐ D ☐ E ☐ F ■ G ☐ H ☐ I ☐ J ☐

**Ahora tiene 45 segundos para leer los enunciados.**

**ENUNCIADOS**

**A.** No va a ver la película.
**B.** Una persona va a visitar al cliente.
**C.** Hay un cambio de fecha.
**D.** Habla con una compañera de clase.
**E.** Va a dormir en casa de su tío.
**F.** Hay que firmar unos papeles.
**G.** Hay una tienda nueva.
**H.** Están buscando a sus padres.
**I.** La previsión es que no hay cambios.
**J.** Es posible tomar algo durante el viaje.

| MENSAJES | ENUNCIADOS |
|---|---|
| **0.** Mensaje 0 | F |
| **19.** Mensaje 1 | |
| **20.** Mensaje 2 | |
| **21.** Mensaje 3 | |
| **22.** Mensaje 4 | |
| **23.** Mensaje 5 | |
| **24.** Mensaje 6 | |
| **25.** Mensaje 7 | |

***Cuaderno de claves***, páginas 9 y 10.

# Prueba de Expresión e interacción escritas

## Tarea previia

Esta tarea no pertenece al examen real. Te ayuda a preparar la prueba 3.

**1. Antes de empezar esta prueba, responde a las siguientes preguntas:**

1. ¿Cuánto tiempo dura esta prueba? ........................................
2. ¿Cuántos textos debo escribir? ........................................

**Marca con una X.**

| | Sí | No |
|---|---|---|
| 3. ¿Todos los textos que tienes que escribir son del mismo tipo? | ☐ | ☐ |
| 4. ¿Todos los textos tienen el mismo número de palabras? | ☐ | ☐ |
| 5. ¿Hay textos que tengo que leer? | ☐ | ☐ |
| 6. ¿Hay imágenes en las tareas? | ☐ | ☐ |
| 7. ¿Puedo usar el diccionario? | ☐ | ☐ |
| 8. ¿Puedo escribir libremente? | ☐ | ☐ |
| 9. ¿La gramática es lo más importante? | ☐ | ☐ |
| 10. ¿Las tareas son como las que hay en los libros de español? | ☐ | ☐ |

**2. Lee y comprueba tus respuestas.**

La prueba tiene **2 tareas**. Las instrucciones van en estilo formal *(usted)*. Tienes una hoja especial para escribir. Tienes también papel para hacer pruebas. **No puedes usar diccionario** ni materiales auxiliares. Todas las instrucciones tienen unas pautas que es necesario cumplir. Se evalúan cuatro aspectos del texto: **gramática, sentido, estructura y vocabulario**.

| 45 min | Objetivo | Tarea | Material |
|---|---|---|---|
| Tarea 1 | Presentar por escrito información personal y cotidiana, deseos, gustos, etc., para reaccionar a un escrito previo. | Responder con un texto breve a un mensaje. Entre **60** y **70 palabras**. | Pautas para redactar. Carta, mensaje, invitación, nota, etc. Entre **35** y **45 palabras**. |
| Tarea 2 Opción 1 | Redactar textos sobre aspectos cotidianos de la vida del candidato o de otras personas, o relatos de hechos básicos y sencillos. | Texto sobre un tema cotidiano de la vida personal del candidato. Entre **70** y **80 palabras**. | Pautas para redactar. Estímulo gráfico y/o escrito con información clara y sencilla que ayuda a elaborar una biografía. |
| Tarea 2 Opción 2 | | Texto narrativo o biográfico a partir de fotos o datos. Entre **70** y **80 palabras**. | |

**Fuente: Instituto Cervantes**

***Cuaderno de claves***, página 11.

# ¡Ya puedes empezar esta prueba!

# Prueba de Expresión e interacción escritas

Número de tareas: 2.

Duración: 45 minutos.

¡Pon el reloj!

## Tarea 1

**INSTRUCCIONES**

Una amiga le escribe para quedar la próxima semana.

Asunto: Concierto

¡Hola!
La semana que viene hay un concierto en la plaza de Armas: toca el grupo mexicano Maná. Yo sé que te gusta mucho. ¿Quieres venir con nosotros? ¿Tienes tiempo?
Vamos un grupo de amigos. Conoces solo a Clara, los demás son amigos míos del trabajo. Si quieres venir, puedo comprar yo tu entrada.
Ya me dices. Un saludo,
Rebeca

Conteste a su amiga. En el correo tiene que:

- saludar;
- decir qué va a hacer la semana que viene;
- explicar qué le parece el grupo musical;
- decir si acepta o no la invitación y por qué;
- hacerle dos preguntas y despedirse.

**Número de palabras recomendadas: entre 60 y 70.**

Anota aquí cuánto tiempo has necesitado: .......................... Pon de nuevo el reloj.

## Tarea 2

**INSTRUCCIONES**

Elija solo una de las dos opciones. En cada opción tiene que tratar todos los puntos.

**OPCIÓN 1**

Escriba un texto sobre una boda en la que ha estado. Hable de:

- qué se hace normalmente en estas fiestas;
- cuándo y dónde tuvo lugar la boda;
- qué personas asistieron a la boda;
- qué regalos hicieron los invitados;
- dónde fue el banquete.

Anota aquí cuánto tiempo has necesitado: .......................... Pon de nuevo el reloj.

***Cuaderno de claves***, páginas 11 y 12.

**OPCIÓN 2**

Vicente Núñez es un conocido suyo al que conoce desde hace tiempo. Aquí tiene algunas fotos de su biografía.

1994

Barcelona, 2002

Roma, 2004

Juanito, 2009

Usted tiene que escribir un texto sobre Vicente Núñez, y decir:

- cómo se conocieron;
- cómo era su vida antes;
- cómo es su relación actual con Vicente y qué novedades ha habido en la vida de Vicente.

**Número de palabras recomendadas: entre 70 y 80.**

Anota aquí cuánto tiempo has necesitado: ..........................

***Cuaderno de claves***, páginas 11 y 12.

# Prueba de Expresión e interacción orales

## Tarea previia

Como ya sabes, esta tarea no pertenece al examen real. Te ayuda a preparar la prueba.

1. **Antes de empezar esta prueba, responde a las siguientes preguntas:**
   1. ¿Cuánto tiempo dura esta prueba? ..........
   2. ¿Cuántas tareas tiene la prueba? ..........

**Marca con una X.**

| | Sí | No |
|---|---|---|
| 3. ¿Tengo tiempo para preparar la entrevista? | ☐ | ☐ |
| 4. ¿Voy a hablar con otro candidato? | ☐ | ☐ |
| 5. ¿Voy a hablar con un entrevistador? | ☐ | ☐ |
| 6. ¿Hay más personas en la sala de la entrevista? | ☐ | ☐ |
| 7. ¿Hay temas concretos de conversación? | ☐ | ☐ |
| 8. ¿Voy a trabajar con imágenes? | ☐ | ☐ |
| 9. ¿Decido yo si la conversación es en estilo formal *(usted)* o informal *(tú)*? | ☐ | ☐ |
| 10. ¿El entrevistador llega de España? | ☐ | ☐ |

2. **Lee y comprueba tus respuestas.**

La prueba tiene **3 tareas**. La prueba tiene dos partes: la **preparación** y la **entrevista**. Tienes tiempo para preparar las tareas. Puedes preparar notas o palabras, pero no escribir un texto y luego leerlo. Unas instrucciones son orales y otras están en las láminas de las tareas. Están redactadas en estilo formal *(usted)*, pero tú decides si la conversación es formal o informal *(tú)*.

| **12 min** + 12 min de preparación | Objetivo | Tarea | Material para la tarea |
|---|---|---|---|
| **Tarea 1** **2-3 min** | Expresión oral: monólogo sobre un tema de la vida cotidiana. | Presentar un tema, elegido entre dos, de la vida cotidiana preparado antes. | Cartas personales, mensajes electrónicos, etc. De **250** a **300 palabras**. |
| **Tarea 2** **2-3 min** | Expresión oral: monólogo a partir de una imagen. | Describir la imagen de una foto. | Anuncios publicitarios, folletos, carteles, convocatorias, avisos, blogs, foros, etc. De **50** a **80 palabras** cada texto. |
| **Tarea 3** **3-4 min** | Interacción oral: situación simulada relacionada con la fotografía. | Conversación con el entrevistador, una situación simulada a partir de la foto de la tarea 2. | Instrucciones para realizar la prueba. |

**Fuente: Instituto Cervantes**

Es muy importante **medir el tiempo** que necesitas para **preparar** cada tarea. Busca un reloj o un cronómetro.

***Cuaderno de claves***, página 12.

**Más información sobre la prueba 4: expresión e interacción orales.**

Escribe ahora tus propias preguntas sobre la entrevista. Escribe la respuesta al final de la preparación.

| Mis preguntas | Respuestas |
|---|---|
| **1.** | |
| **2.** | |
| **3.** | |
| **4.** | |
| **5.** | |
| **6.** | |

1. Recibes una carta en tu casa con la cita para el día, la hora y el lugar de la prueba. Esta prueba puede hacerse un día diferente del de las otras pruebas.

2. En la sala hay tres personas: el candidato, el entrevistador y el evaluador (ver dibujo, con la representación de las personas en la sala de la entrevista).

3. Es muy importante ser puntual. Tienes que llevar un **documento de identidad** y la carta con la que tu centro de examen te informa del lugar, fecha y hora de la entrevista.

4. Antes de la entrevista hay **12 minutos de preparación**. Unas personas te explican todo lo necesario y te dan las láminas y papel. La preparación es en una sala diferente de la sala de la entrevista. Esas personas probablemente hablan español, tu idioma, inglés o francés.

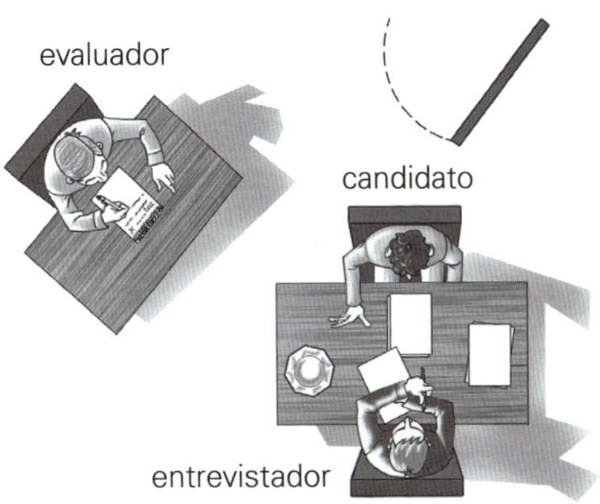


5. Normalmente, el **entrevistador** y el **evaluador** son profesores de español de tu ciudad o del país donde vives. Muchas veces conocen tu cultura y tu sociedad. Intentan crear una **atmósfera tranquila**. Hablan despacio y claramente, y repiten las preguntas e instrucciones si es necesario. Intentan ayudarte.

6. El entrevistador te pregunta al principio de la entrevista si quieres hablar de **tú** o de **usted**, con preguntas como "¿tú o usted?", "¿hablamos de tú o de usted?", "¿qué estilo prefiere, formal o informal?". Elige el estilo más cómodo para ti.

7. Es muy importante, como en el resto del examen, entender bien las **instrucciones** y hacer exactamente lo que te dicen. Por ejemplo, en la tarea 2, si hay dos personas en un parque, tienes que hablar de esas personas, y responder a las preguntas que hay con la fotografía.

8. Las tareas no tienen una única solución. La preparación es importante, pero hay parte de improvisación. Las tareas 1 y 2 las controlas tú, porque hablas solo. En la tarea 3 tienes que saber reaccionar. Para eso, es importante entender bien las preguntas del entrevistador. Debes reaccionar de forma apropiada y espontánea. Si no entiendes una pregunta o una instrucción, puedes pedir repetición: "¿puede repetir, por favor?". Puedes hacer gestos para ayudar a tus explicaciones y pedir ayuda al entrevistador: "¿cómo se dice en español...?" (No es seguro que él responda, pero puedes preguntar). También puedes hacer pausas, siempre cortas, para pensar bien lo que quieres decir.

9. La pronunciación es importante en la prueba, pero es un aspecto muy personal y hay muchas variedades posibles. Lo importante es hablar despacio y claro. Es normal tener acento.

10. **Para preparar** esta parte del examen y **para practicar** las tareas del libro, ***Crono A2*** te ofrece preguntas típicas de las tareas de examen. Lo ideal es mantener conversaciones reales con un profesor o un hispanohablante.

## ¡Ya puedes empezar esta prueba!

# Prueba de Expresión e interacción orales

**INSTRUCCIONES**

La prueba de Expresión e interacción orales tiene tres tareas:

- Tarea 1: Monólogo. Usted tiene que hablar ante el entrevistador sobre un tema durante 2-3 minutos.
- Tarea 2: Descripción de una fotografía. Usted tiene que describir una fotografía durante 2-3 minutos.
- Tarea 3: Diálogo en una situación imaginaria. Usted tiene que hablar con el entrevistador en una situación imaginaria, relacionada con la fotografía que ha descrito en la tarea 2, durante 3-4 minutos.

Tiene **12 minutos** para preparar las tareas 1, 2 y 3. Puede tomar notas y escribir un esquema de sus respuestas. Durante la prueba, puede consultar sus notas, pero no leerlas detenidamente.

**Opciones.** El personal de apoyo te ofrece dos láminas con dos temas para elegir uno. En los modelos de examen de *Crono A2*, tienes solo un tema, pero en total preparas 6 temas. El **modelo de examen n.º 7** sí te ofrece dos temas para elegir uno.

En este primer modelo de examen, vas a trabajar con la muestra que ofrece el propio **Instituto Cervantes**.

## LA PREPARACIÓN

Tienes **12 minutos** para preparar las tres tareas. Pon el reloj.
Sigue las indicaciones que aparecen a continuación.

### Tarea 1. Monólogo

**UN VIAJE QUE HE HECHO**

**INSTRUCCIONES**

Hable de un viaje que usted ha hecho. Hable de:

- adónde fue el viaje, por qué lo hizo y por qué es importante para usted;
- cuánto tiempo duró el viaje, con quién fue, qué hicieron y dónde se alojaron;
- en qué medio de transporte fue y por qué;
- alguna historia que le pasó en ese viaje;
- si va a hacer algún viaje pronto: cuándo, adónde, con quién y por qué.

**Fuente: Instituto Cervantes**

### Tarea 2. Descripción

**UNA PARADA DE AUTOBÚS**

Hable de la foto durante dos o tres minutos. Usted debe hablar de:

- ¿Cómo son las personas de la foto (físico, personalidad que crees que tienen...)? ¿Qué ropa llevan?
- ¿Dónde están esas personas? ¿Qué objetos hay? Describa el lugar.
- ¿Qué están haciendo las personas de la foto?
- ¿Qué relación cree que hay entre ellas?
- ¿Qué cree que piensan o cómo cree que se sienten, estas personas? ¿Por qué?
- ¿Qué cree que han hecho antes? ¿Y qué van a hacer después?

## Tarea 3. Diálogo

Usted ha llegado a una ciudad con un amigo y tiene que comprarse un bono para el metro o para el autobús. Su amigo prefiere el autobús. Usted prefiere el metro. El examinador es su amigo. Hable con él siguiendo estas indicaciones.

**CANDIDATO**

Durante la conversación, tiene que:

- decidir dónde van a ir durante la visita a la ciudad;
- decidir cuándo van a usar el bono;
- explicar las ventajas del metro (comodidad, rapidez, ecologismo...);
- contar alguna anécdota relacionada con esos medios de transporte.

Anota aquí cuánto tiempo has necesitado para preparar la entrevista: ........................

# LA ENTREVISTA

***Crono A2*** te ofrece preguntas como las del examen. En realidad se trata de una conversación que tiene parte de **improvisación**, especialmente en la tarea 3. Lo importante es entender bien las preguntas y saber reaccionar. Por eso debes escuchar y responder a las preguntas **una a una**, y no escuchar primero todas las preguntas y responder luego. Puedes escuchar cada pregunta varias veces si no la entiendes.

**Tienes que grabar** tus respuestas. Es importante porque luego vas a escucharlas y a analizarlas con una tabla. Esta tabla tiene información parecida a la del evaluador en la sala del examen. Así, aprendes a evaluarte a ti mismo. La tabla está en el apartado de gestión de la preparación.

**¡Atención!** En el examen te ofrecen la posibilidad de hablar de tú o de usted. En este modelo hablamos **de tú** (tuteo) porque es el tratamiento más frecuente.

## Tarea 1

Recuerda que la duración de esta tarea es de **2** a **3 minutos**.

Pon la pista n.° 5. Escucha las instrucciones y las preguntas y responde.

Graba tu exposición.

## Tarea 2

Recuerda que la duración de esta tarea es de **2** a **3 minutos**.

Pon la pista n.° 6. Escucha las instrucciones y las preguntas y responde.

Graba tu descripción.

## Tarea 3

Recuerda que la duración de esta tarea es de **3** a **4 minutos**.

Pon la pista n.° 7. Escucha las instrucciones y las preguntas y responde.

Graba tus respuestas.

***Cuaderno de claves***, páginas 13 y 14.

## ABC Vocabulario

**Consejo.** Subraya con un lápiz de color las palabras que ya conoces.

## Prueba 1: Comprensión de lectura

Vuelve a los textos de las tareas, lee la frase donde está cada palabra y anota aquí su significado en tu lengua. Fíjate que aquí el vocabulario aparece en orden alfabético para que te resulte más fácil consultarlo después.

**Tarea 1**

| En español | En tu lengua | En español | En tu lengua |
|---|---|---|---|
| alojamiento | ........................... | enviar (un mensaje) | ........................... |
| alojarse en | ........................... | novio | ........................... |
| conocerse | ........................... | pasarlo bien | ........................... |
| contratar | ........................... | soler | ........................... |

**Tarea 2**

| En español | En tu lengua | En español | En tu lengua |
|---|---|---|---|
| a distancia | ........................... | infórmate | ........................... |
| acceso a internet | ........................... | inversión (la) | ........................... |
| aproximarse | ........................... | investigación (la) | ........................... |
| calzado | ........................... | (ser) la base de | ........................... |
| celebrar | ........................... | llevarse una sorpresa | ........................... |
| concierto | ........................... | monitores (los) | ........................... |
| con motivo de | ........................... | ponerse en contacto | ........................... |
| contrato laboral | ........................... | programa (el) | ........................... |
| corte de suministro | ........................... | recital (el) | ........................... |
| cupos limitados | ........................... | resolver (un ejercicio) | ........................... |
| dibujo | ........................... | reto | ........................... |
| dirigido a | ........................... | se ofrece | ........................... |
| durante | ........................... | sueldo | ........................... |
| entregar | ........................... | superar un curso | ........................... |
| establecimiento | ........................... | tener ganas | ........................... |
| formación profesional | ........................... | titulación (la) | ........................... |
| horario flexible | ........................... | venta/vender | ........................... |

**Tarea 3**

| En español | En tu lengua | En español | En tu lengua |
|---|---|---|---|
| abrir un restaurante | ........................... | ganar dinero | ........................... |
| acordarse de | ........................... | hacerse novios | ........................... |
| además de | ........................... | me parece aburrido | ........................... |
| alquilar | ........................... | ofrecer trabajo | ........................... |
| contrato fijo | ........................... | permiso de trabajo | ........................... |
| criar | ........................... | piso compartido | ........................... |
| empresa | ........................... | trasladarse | ........................... |

**Tarea 4**

| En español | En tu lengua | En español | En tu lengua |
|---|---|---|---|
| apuntarse a | ........................... | prometer | ........................... |
| condiciones de trabajo | ........................... | protegerse de | ........................... |
| contar (una historia) | ........................... | recoger | ........................... |
| convencer de | ........................... | repartir | ........................... |
| curso de formación | ........................... | salario | ........................... |
| descanso | ........................... | talla | ........................... |
| empezar a | ........................... | tratar | ........................... |
| entrada (la) | ........................... | una experiencia amarga | ........................... |

# Prueba 2: Comprensión auditiva

Vuelve a escuchar las audiciones de este modelo de examen, pulsa el botón de pausa y escribe el significado de cada palabra en tu lengua. Fíjate que aquí el vocabulario aparece en orden alfabético para que te resulte más fácil consultarlo después.

## Tarea 1

| En español | En tu lengua | En español | En tu lengua |
|---|---|---|---|
| alegre | ................................ | guía de viaje | ................................ |
| atreverse a | ................................ | me sale muy caro | ................................ |
| cambiar (un producto) | ................................ | novela | ................................ |
| caminar | ................................ | parcela | ................................ |
| cartera | ................................ | pasar por | ................................ |
| catálogo | ................................ | pasarse a | ................................ |
| cinturón (el) | ................................ | pedir (un plato) | ................................ |
| encargado (el) | ................................ | pies (los) | ................................ |
| ensalada | ................................ | recoger la basura | ................................ |
| espalda | ................................ | recorrido (el) | ................................ |
| esquina | ................................ | (estar) salado | ................................ |
| gorra | ................................ | tienda de campaña | ................................ |

## Tarea 2

| En español | En tu lengua | En español | En tu lengua |
|---|---|---|---|
| acreditado | ................................ | instalaciones (las) | ................................ |
| afectar a | ................................ | oferta | ................................ |
| compartir conocimientos | ................................ | plazas limitadas | ................................ |
| concursar | ................................ | plazo de inscripción | ................................ |
| dar un paseo | ................................ | por motivos técnicos | ................................ |
| disco | ................................ | recibir gratis (un producto) | ................................ |
| en directo | ................................ | recibir información | ................................ |
| ganar (un premio) | ................................ | ropa interior | ................................ |
| gorro de cocinero | ................................ | sin interferencias | ................................ |

## Tarea 3

| En español | En tu lengua | En español | En tu lengua |
|---|---|---|---|
| agente (inmobiliario) | ................................ | compartir piso | ................................ |
| alquiler | ................................ | mudarse (de piso) | ................................ |
| balcón | ................................ | No te preocupes. | ................................ |
| cambiarse de piso | ................................ | quedar con una persona | ................................ |
| campo (el) | ................................ | quedarse con | ................................ |

## Tarea 4

| En español | En tu lengua | En español | En tu lengua |
|---|---|---|---|
| a causa de | ................................ | me falta | ................................ |
| aconsejar | ................................ | obras en la red eléctrica | ................................ |
| aparecer | ................................ | olvidar | ................................ |
| cuanto antes | ................................ | parar en | ................................ |
| Disculpe las molestias. | ................................ | perderse | ................................ |
| fiesta de inauguración | ................................ | prever | ................................ |
| firmar (un documento) | ................................ | recibir un regalo | ................................ |
| lavadora | ................................ | tener miedo (a) | ................................ |
| lo antes posible | ................................ | vagón (el) | ................................ |

# Modelo de examen n.° 2



Ya conoces la estructura general del examen. La tarea previa del modelo n.° 2 trabaja la manera de encontrar las palabras clave que te permiten seleccionar la opción correcta. Para encontrar esas palabras, es muy importante desarrollar una forma especial de leer o de escuchar los textos. En el *Cuaderno de claves*, tienes comentarios sobre este tema.

# Prueba de Comprensión de lectura

## Tarea previia

Esta tarea no pertenece al examen real. Te ayuda a preparar la prueba 1.

1. **Observa este ejemplo de la tarea 1 del modelo del Instituto Cervantes. La opción correcta es la c).**

| Pregunta | Fragmento del texto |
|---|---|
| **1. Marta escribe a Carmen para...**<br>a) preguntarle por la zapatería.<br>b) decirle que está de vacaciones.<br>c) quedar para hablar un rato. | Hola, Carmen:<br>¿Cómo estás? Hace semanas que no sé nada de ti, quizás te has ido de vacaciones. Si no, podemos vernos para tomar un café a la hora que sales de la zapatería, y así me cuentas qué tal te va todo. |

**Fuente: Instituto Cervantes**

**Comentario.** Como ves, las opciones no correctas tienen palabras que hay en el texto, todas las sombreadas, pero hay elementos diferentes. Por ejemplo, la opción b) está en presente, fíjate en el verbo *estar*, mientras que en el texto la frase sobre las vacaciones está en pasado. Solo la opción c) tiene un vocabulario correspondiente: *quedar*, significa proponer un encuentro, que es lo que hace Marta con la expresión *podemos vernos*.

2. **Marca, en estos ejemplos tomados del modelo de examen del Instituto Cervantes, la parte del fragmento que corresponde a cada respuesta correcta. Las respuestas correctas están resaltadas.**

La numeración de los ejemplos se corresponde con el examen original.

| Pregunta | Fragmento del texto |
|---|---|
| **4. En el texto se dice que Ahmed...**<br>a) va a ir de vacaciones a otro lugar.<br>b) trabaja hasta el mes de septiembre.<br>c) quiere decir adiós a sus amigos. | Esta semana está trabajando, luego se queda aquí durante sus vacaciones, hasta septiembre, y a principios de ese mes ya se va. No tiene mucho tiempo pero, si puede, le gustaría quedar con todos los amigos antes de irse, para despedirse. Me ha preguntado por ti porque dice que no te ve nunca. |
| **5. Marta quiere ir a Huelva porque...**<br>a) su hermana se va a casar allí.<br>b) su tía la ha invitado a su casa.<br>c) sus primos van a ir unos días. | Yo me voy de vacaciones dentro de dos semanas. Quiero ir unos días a Huelva. Una de mis tías ha alquilado allí una casa bastante grande el mes de agosto y nos ha dicho a todos los sobrinos que podemos ir una semana. Vamos a ser más de diez, va a ser muy divertido. |
| **8. En el anuncio se dice que...**<br>a) solo llaman a personas con formación.<br>b) el trabajo es en la calle Guatemala.<br>c) buscan personas para vender ropa. | Cadena de tiendas de camisetas necesita dependientes para varias tiendas de Madrid. Horario de 9:00 a 15:00 todos los días excepto domingos. Para empezar en junio. Entrevistas durante el mes de mayo en las oficinas de la calle Guatemala, 10. |
| **12. En este centro...**<br>a) se dan clases de lengua.<br>b) tienen pisos para inmigrantes.<br>c) necesitan trabajadores. | Centro de atención al inmigrante situado en la calle Casino, número 25. Tenemos cursos de español y actividades deportivas, y nuestros profesores pueden ayudarte con los estudios. |
| **20. Según el texto, Manuel empezó el blog porque...**<br>a) trabajaba como historiador en Madrid.<br>b) antes trabajaba escribiendo en internet.<br>c) no le gustaba su trabajo anterior. | He tenido muchos trabajos diferentes. El último fue en un periódico en internet y me gustó mucho este medio. Por eso, cuando llegué a Madrid y conocí tantas historias de la ciudad, pensé en hacer el blog *Historias de Madrid*. |

Aquí puedes descargar el examen completo: https://examenes.cervantes.es/a1a2/a2.htm

**Reflexión.** ¿Qué son **palabras clave**? ¿Para qué sirven en la prueba 1? ¿Por qué son importantes cuando lees? Lee el comentario en el ***Cuaderno de claves***, página 15.

Utiliza un reloj o un cronómetro.

***Cuaderno de claves***, página 15.

## ¡Ya puedes empezar esta prueba!

# Prueba de Comprensión de lectura

Esta prueba tiene **cuatro tareas**. Usted debe responder a 25 preguntas.

La duración es de 60 minutos.

Marque las opciones elegidas en la **Hoja de respuestas**.

Pon el reloj al principio de cada tarea.

## Tarea 1

**INSTRUCCIONES**

Usted va a leer el correo electrónico que Maite le ha escrito a Alberto. A continuación, conteste a las preguntas (de la 1 a la 5). Seleccione la opción correcta (A, B o C).

Marque las opciones elegidas en la **Hoja de respuestas**.

Asunto: Cena de Navidad

Alberto, me ha dicho Rosa que tú organizas este año la cena de Navidad de la oficina. ¿Es verdad? Porque quería decirte unas cosas sobre este tema.

Las navidades pasadas nos divertimos mucho. Tú no estabas, ya lo sé. Pero es que fuimos a un sitio muy bueno cerca de la playa, al lado de una estación de metro. Cuando terminó la fiesta, todos volvimos a casa en metro o en autobús. Bueno, Carolina, ya sabes, esa chica morena que habla tanto, se fue en taxi, pero los demás nos fuimos en metro. ¿Puedes buscar un sitio así? He hablado con Laura y José Luis y están de acuerdo, ¿qué te parece a ti?

Dice Laura que es mejor elegir dos menús diferentes y no uno, como el año pasado. Hay gente en la oficina que no come carne, y a Andrés no le gusta el pescado. Yo también creo que es mejor. Es un poco más caro, lo sé, pero es la cena de Navidad, es un día especial.

Hay otra cosa. No sé si debemos invitar a la jefa o no. Como sabes, ha empezado en la oficina hace poco, igual que tú, y hay cosas que aún no sabe. Carlos dice que si ella viene, no vamos a poder hablar tranquilamente. Puede ser, pero yo creo que invitarla es una manera de conocerla mejor, y eso es bueno para todos. Hay que decidir qué hacemos y tenemos pocos días, la cena es el viernes 22 y ya es martes.

Bueno, háblalo con los de tu departamento y mándame un mensaje. Si necesitas ayuda, llámame y subo.

Saludos,

Maite

**PREGUNTAS**

**1. Maite le pregunta a Alberto...**
a) por la cena de Navidad de este año.
b) por Rosa.
c) por la Navidad del año pasado.

**2. El año pasado fueron a un lugar...**
a) que no tenía taxis cerca.
b) donde no lo pasaron bien.
c) muy bien comunicado para casi todos.

**3. Este año, Laura y José Luis...**
a) quieren ir al mismo sitio.
b) prefieren un sitio parecido.
c) quieren un sitio diferente.

**4. De menú, Maite quiere...**
a) lo que propone Laura.
b algo sin carne ni pescado.
c) lo mismo que el año pasado.

**5. En el mensaje Maite dice que...**
a) no quiere invitar a la jefa.
b) todavía no conoce a la jefa.
c) cree que es mejor invitar a la jefa.

Anota aquí cuánto tiempo has necesitado: .......................... Pon de nuevo el reloj.

**INSTRUCCIONES**

Usted va a leer ocho anuncios. A continuación, responda a las preguntas (de la 6 a la 13). Seleccione la opción correcta (A, B o C). Marque las opciones elegidas en la **Hoja de respuestas**.

**Ejemplo:**

**TEXTO 0**

***PORQUE SU SALUD ES LO MÁS IMPORTANTE...***

BEN HOSPITAL

Regale a PAPÁ un CHEQUEO YA

El chequeo ya es el examen médico integral para conocer el estado de salud de papá.

¡FELICIDADES PAPÁS! En la BEN cuidamos a los que más quieres

**0.** Este anuncio presenta un servicio...

a) que tiene regalo.

b) para comprobar la salud.

c) para ser padre.

La opción correcta es la B porque un chequeo es una comprobación general del estado de salud.

**0.** A ☐ B ■ C ☐

**TEXTO 1**

**¡¡¡HASTA EL MES QUE VIENE!!!**

Los **Laboratorios de la Escuela Politécnica** cierran sus puertas en Semana Santa, pero permanecerá abierto un Laboratorio de Acceso Libre para:

- Acceder más rápidamente a la red de la UA.
- Hacer tus prácticas.
- Utilizar el *software* que está en el Aula Libre (LO4A).

Más información en: **http: //www.ep.es**
Días 10/11/12 de abril de 13.00-15.00
en el **Laboratorio LO1.**

**6.** En Semana Santa, la Escuela Politécnica...

a) ofrece laboratorios nuevos.

b) tiene un laboratorio abierto.

c) va a trabajar como siempre.

**TEXTO 2**

## Alquilo habitación a chica

No fumadora, trabajadora, responsable y seria. En zona tranquila y bien comunicada. A 2 minutos caminando de la estación Paralelo. **Línea 3** (verde) y **Línea 2** (lila). Habitación cómoda y ventilada. También hay otra más grande con balcón hacia la calle. Con **WI-FI**. Servicios incluidos en el alquiler.

CERCA DEL PUERTO DE BARCELONA

Llamar al **93 148 90 20**

**7.** La habitación que ofrecen en este anuncio...

a) es muy barata.

b) tiene balcón a la calle.

c) está muy cerca del metro.

**TEXTO 3**

## AUTO CHECK-IN

**AHORA VIAJAR CON RENFE ES MÁS FÁCIL**

- Para imprimir el billete que has comprado.
- Hacer cambios de tren para el mismo día.
- Cerrar billete de tarifa "PUENTE AVE".

**Auto check-in en:** Barcelona, Madrid, Córdoba, Sevilla, Málaga, Zaragoza, Huesca, Lleida, Tarragona, Segovia, Valladolid, Alicante, Castellón, Murcia, Valencia y Pamplona.

**Próximamente en:** Bilbao y Albacete.

**8.** Con esta máquina puedo...

a) cambiar una reserva.

b) comprar un billete para Bilbao.

c) devolver un billete.

**TEXTO 4**

¡Hola!
Me llamo Laura, tengo 21 años y soy trabajadora social. Me quiero sacar el First Certificate, pero no puedo hacer un curso, ni por dinero, ni por tiempo.
**Busco ayuda** para sacármelo antes de junio. Yo tengo el libro y puedo conseguir más material.

- Busco a alguien con conocimiento de los contenidos del examen.
- Ofrezco llegar a un acuerdo económico y de horarios; no puedo pagar mucho.

Si te interesa, envíame un mail a roberte@hotmail.com
Gracias.

**9.** Laura necesita ayuda para...

a) trabajos sociales.

b) pagar un curso de inglés en una escuela.

c) prepararse un examen.

**TEXTO 5**

Me llamo RUMBO y desaparecí la noche del pasado sábado 5 de septiembre.

Soy pequeño (mido 40 cm), marrón chocolate y, en la cara y patas, también marrón claro. Tengo 2 años y necesito unas medicinas especiales.

Cuando desaparecí llevaba un collar como el de la foto. Quizá ya no lo tengo.

Mi n.º de chip es 937000000432345. En un veterinario te pueden decir dónde vive mi familia, que me adoptó en una protectora de animales.

¡Ayúdame a encontrar a mi familia, por favor!

Los contactos son: Marisa 650423155 y Carlotta 689836164.
¡¡Si me encuentras, tendrás un regalo de 1000 €!!

**10.** En este anuncio se busca a un animal que...

a) está o ha estado enfermo.
b) le gusta comer chocolate.
c) nació en la familia que lo busca.

**TEXTO 6**

**CAMPAMENTO DE VERANO**

**ALQUÉZAR**

Paseos • Acampadas • Actividades acuáticas
Convivencia • Orientación

En un ambiente natural e inigualable donde aprender a convivir con la naturaleza. Monitores/as especializados/as en educación.

**ADEMÁS DE DISFRUTAR, VAMOS A APRENDER**

Reunión informativa previa de padres/madres o tutores/as con dirección y monitores/as.

NIÑOS Y NIÑAS
DE 8 A 13 AÑOS

Información e inscripciones:
**ESCUELA REFUGIO DE ALQUÉZAR**
**DEPORTE Y NATURALEZA**
deporteynaturaleza@hotmail.com

**11.** En esta oferta de cursos la dirección...

a) acepta a niños y niñas de todas las edades.
b) enseña a convivir con la naturaleza.
c) informa a los padres después del curso.

**TEXTO 7**

**El plata CLUB**

Estimados clientes, les comunicamos nuestros horarios para estas navidades.

**Día 24, Nochebuena**, permaneceremos cerrados. A partir de la 01:00 abriremos las puertas de nuestra discoteca El Plata Club.

**Día 25, Navidad**, estaremos abiertos para ustedes en todas nuestras sesiones.

**Día 31, Nochevieja**, permaneceremos cerrados. Abriremos a partir de la 01:00 con nuestro ¡cotillón de Nochevieja!

**Día 1 de enero,** estaremos abiertos en nuestro horario habitual.

**12.** En este anuncio, el local comunica que...

a) en Nochebuena abre solo una hora.
b) cambia su dirección después de Nochevieja.
c) el primero de enero su horario no cambiará.

**TEXTO 8**

Una forma **cómoda** y **relajante** de **hacer deporte**

- Mejora la circulación
- Quema grasa
- Moldea tu cuerpo
- Anticelulitis
- Reduce el estrés
- Tonifica
- Reducción de peso

**13.** En este anuncio se ofrece...

a) material deportivo.
b) consejos sobre deportes de riesgo.
c) una manera de mejorar la salud.

Anota aquí cuánto tiempo has necesitado: .......................... Pon de nuevo el reloj.

## Tarea 3

**INSTRUCCIONES**

Usted va a leer tres textos de tres parejas españolas que hablan sobre una oferta de tiempo libre en las montañas. Relacione las preguntas (de la 14 a la 19) con los textos (A, B o C).

Marque las opciones elegidas en la **Hoja de respuestas**.

**PREGUNTAS**

| | A. MARÍA Y FRAN | B. JAVIER Y ELENA | C. LORENA Y ÁLVARO |
|---|---|---|---|
| **14.** ¿Quién habla de un cambio en el programa del viaje? | ☐ | ☐ | ☐ |
| **15.** ¿Quién está contento de los medios de transporte? | ☐ | ☐ | ☐ |
| **16.** ¿Quién tuvo un guía bueno, pero otro malo? | ☐ | ☐ | ☐ |
| **17.** ¿Quién se queja de la situación del hotel? | ☐ | ☐ | ☐ |
| **18.** ¿Quién describe el aspecto del hotel? | ☐ | ☐ | ☐ |
| **19.** ¿Quién dice que el guía era muy paciente? | ☐ | ☐ | ☐ |

**TEXTOS**

**A.**
**MARÍA Y FRAN**

Unos amigos nos recomendaron esta página y, la verdad, fue todo un acierto. Le tengo que dar las gracias a Ignacio, el enlace de Chile, por el buen trato durante el viaje que realizamos a Argentina y a Chile. Nos recomendó lo que teníamos que ver en cada lugar que íbamos a visitar. Quisimos añadir una excursión que habíamos visto en otro sitio y se adaptó sin problemas y lo volvió a organizar todo. Queremos felicitar también a Damián, el guía, porque tuvo mucha paciencia.

Los hoteles bien, tuvimos una reclamación en uno de ellos y enseguida resolvieron la situación y quedamos contentos. Lo que más nos gustó fueron las visitas a las Torres del Paine, Chile, y al glaciar Perito Moreno, en Argentina. ¡Inolvidable!

**B.**
**JAVIER Y ELENA**

Te montan y organizan el viaje a tu gusto si tienes claro lo que quieres hacer. La atención es *online*, ¿que tienes una duda sobre una excursión? Resuelta al instante. Eficacia 100 %. En Bariloche, Argentina, un hotel de cuatro estrellas un poco viejo, muy lejos del centro y sin buena comunicación. Necesitas taxi para ir al centro. Habitación grande y limpia. Desayuno muy completo. Pequeño *spa* y un bar donde se cena muy bien.

En Chaltén, un hotel de montaña encantador, decoración exquisita. Desayuno inmejorable, gran variedad de comidas y bebidas. Trato excepcional. Habitación comodísima. Probablemente la mejor opción de alojamiento en Chaltén.

**C.**
**LORENA Y ÁLVARO**

Con el agente en Perú estamos satisfechos. Resolvieron un problema con un vuelo entre Cuzco y La Paz y nos dieron un móvil de contacto, pero luego no pudimos contactar con ellos cuando lo intentamos en tres ocasiones.

Los vehículos, adecuados. Nos gustó mucho el guía del *tour* en Cuzco, Valle Sagrado y Machu Picchu. No nos gustó tanto el guía del *tour* de Maras, Moray y Chinchero, fue peor; por ejemplo, empezaba explicaciones sin avisar y sin tener al grupo reunido. Los hoteles, bien. Los desayunos eran muy buenos (ricos, completos y con horario amplio). El único inconveniente que encontramos es que cuando nos limpiaban la habitación, nos apagaban la calefacción. Al final, nos gustó mucho la experiencia.

Adaptado de https://www.turistaloserastu.es

Anota aquí cuánto tiempo has necesitado: .......................... Pon de nuevo el reloj.

## Tarea 4

**INSTRUCCIONES**

Usted va a leer un texto sobre una marca muy conocida. A continuación, conteste a las preguntas (de la 20 a la 25). Seleccione la opción correcta (A, B o C).

Marque las opciones elegidas en la **Hoja de respuestas**.

### Los orígenes de Danone

La historia de Danone comienza con Isaac Carasso, un judío de una importante familia de Salónica, Grecia. Isaac se fue a vivir a Barcelona en 1916. Cuando llegó, vio que muchas personas tenían problemas intestinales, sobre todo los niños. Contra esos problemas, una de las soluciones más frecuentes en los Balcanes era el yogur, algo que hasta ese momento no existía en España. Danone lo empezó a vender, pero no como postre, como medicamento. El hijo pequeño de Isaac, de nombre Daniel, tenía el sobrenombre en catalán de Danon. Ese es el origen del nombre de la compañía, que Isaac fundó en 1919 en Barcelona.

Después estudiaron el producto al máximo. Ya entonces el premio nobel Élie Metchnikoff recomendaba el *lactobacillus* como uno de los métodos más sencillos de mantener la salud, y en 1923 Daniel Carasso fue a Marsella para estudiar en la escuela de negocios y para hacer en el Instituto Pasteur un curso sobre las bacterias. Con esos conocimientos, regresó a Barcelona. El negocio familiar creció. También abrieron empresas en Francia en 1929. Durante la Segunda Guerra Mundial, la familia emigró a Estados Unidos para salvarse del Holocausto.

En Estados Unidos, empezaron de nuevo con la ayuda de otros miembros de la familia. Compraron una pequeña compañía de Nueva York, le cambiaron el nombre, la llamaron Dannon y empezaron a vender sus yogures naturales en botellas de cuarto de litro. Era una empresa pequeña que perdía dinero, pero en 1947 las autoridades sanitarias permitieron vender una mezcla de fruta con yogur. Este producto tuvo un éxito enorme. Ya no era un producto farmacéutico, sino un producto de consumo de buen sabor. Es el mismo fenómeno que transformó a Coca-Cola en lo que es hoy en día.

La empresa de yogures creció rápidamente y en 1959 Beatrice Foods compró Dannon. Los fundadores volvieron a España con los bolsillos llenos de dinero y la sencilla idea de crear de nuevo Danone. Tuvieron en España el mismo éxito que en Estados Unidos, y poco después pasó igual en Francia y Alemania. La empresa creció aún más, hasta que en 1981 Danone ¡compró Dannon! Hoy en día vende en todo el mundo.

Daniel Carasso murió en mayo de 2009 ¡a la edad de 103 años! Eso demuestra las propiedades saludables de su propio producto.

Adaptado de http://www.asinorum.com/danone

**PREGUNTAS**

**20.** El artículo cuenta la historia de...
a) un producto alimenticio.
b) un empresario con éxito.
c) una empresa muy conocida.

**21.** Isaac Carasso fundó la empresa Danone...
a) un año después de llegar a Barcelona.
b) cuando volvió de Marsella.
c) para vender una medicina.

**22.** El origen del nombre de la empresa está en...
a) uno de los miembros de la familia.
b) el nombre del producto en los Balcanes.
c) un medicamento de la época.

**23.** La familia emigró a Estados Unidos,...
a) donde tuvieron siempre éxito.
b) donde vendieron la empresa.
c) para estudiar mejor el producto.

**24.** En Estados Unidos, la empresa...
a) cambió el tipo de producto.
b) empezó a usar botellas de litro.
c) siguió con el nombre que tenía.

**25.** La prueba de la calidad del producto es...
a) el éxito que tuvo en Europa.
b) que se vende en todo el mundo.
c) la edad a la que murió su creador.

Anota aquí cuánto tiempo has necesitado: .......................... .

***Cuaderno de claves***, páginas 15-17.

# Prueba de Comprensión auditiva

## Tarea previia

Esta tarea no pertenece al examen real. Te ayuda a preparar la prueba 2.

1. **Observa estos dos ejemplos del modelo del Instituto Cervantes. Vamos a usar la transcripción de la prueba auditiva.**

| Pregunta | Transcripción |
|---|---|
| **1. ¿Qué tiene ya el hombre?**<br>A 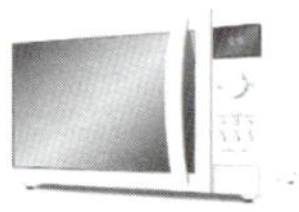 B  C <br>La opción correcta es la A.<br>**1.** A ■ B ☐ C ☐ | **Conversación 1**<br>MUJER: Buenos días, ¿en qué puedo ayudarle?<br>HOMBRE: Necesito algunas cosas para mi nueva casa, y creo que tienen los lavaplatos más baratos hoy.<br>MUJER: Los lavaplatos están al precio de siempre, pero las lavadoras sí están más baratas.<br>HOMBRE: Ah, bueno…, pues también necesito una. El lavaplatos ya lo compro otro día.<br>MUJER: También los microondas cuestan hoy un veinte por ciento menos.<br>HOMBRE: Pero microondas tengo uno nuevo. Voy a ver las lavadoras. |
| **7. La Oficina de Turismo...**<br>a) está abierta desde hace un año.<br>b) ya tiene diez oficinas en España.<br>c) busca trabajadores para este año. | HOMBRE: La directora de la Oficina de Turismo habló ayer sobre cómo ha sido el primer año de la Oficina. La Oficina recibió este año 6000 personas y el año que viene espera 8000, pues van a abrir diez oficinas más en toda España. Actualmente, la Oficina de Turismo tiene 20 trabajadores especializados en turismo. |

**Comentario.** En la prueba 2 también es necesario identificar las **palabras clave** que permiten seleccionar la opción correcta. Por ejemplo: en la tarea 1 hay tres palabras, una por cada imagen de las opciones. A veces la palabra clave está, en el diálogo, en primera posición, a veces en tercera posición.

La dificultad es que tienes que identificar las palabras clave auditivamente. Tienes que leer las preguntas, mirar las imágenes y escuchar los audios al mismo tiempo. Escuchas cada audición dos veces, pero no puedes parar la audición. Es necesario **estar muy concentrado**. Puedes usar el cuadernillo donde están las preguntas y escribir palabras mientras escuchas.

2. **A continuación tienes siete audios y sus respectivas transcripciones. Faltan las palabras clave, escucha los audios y escríbelas.**

Escucha la pista n.º 2. Es la tarea 2 del modelo n.º 1. Usa el botón de pausa si lo necesitas para escribir y completa con la palabra o palabras que faltan (puede ser más de una por ítem).

| | |
|---|---|
| **Audio 0**<br>Según la audición, Rocío Santoña...<br>b) ha grabado un nuevo disco. | **1** .......... de Rocío Santoña ya está en nuestra tienda. Sus nuevas **2** .........., sus nuevos **3** .........., todo su corazón en un gran trabajo. ¡Ven a escucharlo y recibirás gratis el **4** .......... de su último concierto en Buenos Aires! Estamos en la calle Alegría, número 25. ¡La mejor música pensada para ti! |
| **Audio 1**<br>En el programa de esta noche...<br>b) regalan dos entradas. | Esta noche, en directo, la final de baloncesto Ciudad de Melilla. Las mejores jugadas, los jugadores más rápidos, la emoción en la pista. Además, **5** .......... y **6** .......... para dos personas. Entre en nuestra página web www.melillacopabaloncesto.com y escriba el nombre de uno de los jugadores del equipo. Es muy fácil participar y ganar. |

| | |
|---|---|
| **Audio 2**<br>Este anuncio es de...<br>a) una tienda de ropa para profesionales. | En nuestras tiendas especializadas puede encontrar zapatos y todo tipo de uniformes para **7**..........: las mejores marcas en gorros de **8**.........., cascos de **9**.........., batas para el laboratorio y un largo etcétera. No importa su **10**.........., tenemos la ropa que necesita. Además, durante todo el mes de diciembre, ofertas en ropa interior contra el frío. Visite nuestra tienda en la calle Alarcos 33 y Belgrado 36. Le estamos esperando con las puertas abiertas. |
| **Audio 3**<br>Una persona puede recibir la radio...<br>a) si llama por teléfono. | Aquí tienes ya el último Poko 66, tu radio internet, para escucharnos todo el día sin interferencias. Te permite sintonizar todo tipo de emisoras y lleva más de 150 estaciones presintonizadas. Venta exclusiva por internet o **11**.......... al **12**........... La puedes conseguir por solo 150 €. ¡Ah!, y si eres una de las 100 primeras personas que llama, te llevas gratis la conexión a internet durante el primer mes. |
| **Audio 4**<br>En esta audición anuncian...<br>a) cómo inscribirse en cursos de cocina. | La acreditada **13**.......... Con Gusto, después del éxito de la última edición, vuelve a ofrecer **14**.......... *Nueva cocina volcánica* canaria y *Cocina tradicional del Bajo Aragón*. El plazo de inscripción ya está abierto a todo el mundo, con o sin experiencia, pero las plazas son limitadas. El horario es de nueve a una de la mañana todos los viernes, y se permite almorzar en el centro con los platos preparados ese día. Si está interesado, pase por la secretaría del centro de ocho a una, o llame al número 902 6574839. |
| **Audio 5**<br>El polideportivo informa de que...<br>b) la piscina va a cerrar unos días. | Atención. El palacio de deportes de Villajoyosa informa de que por motivos técnicos este fin de semana se van a cerrar **15**........... Los cursos **16**.......... para niños van a **17**.......... en **18**.......... del **19**.......... Juan Marín. Todos los padres recibirán esta información por mensaje electrónico. El cierre no afecta al equipo de baloncesto: los jugadores de baloncesto sí van a entrenarse, como es habitual, de siete a nueve la noche del viernes en el polideportivo. Desde el lunes, las piscinas van a estar de nuevo abiertas en su horario de siempre. |
| **Audio 6**<br>La página web ofrece...<br>c) contacto con otros estudiantes de idiomas. | ¿Te interesa **20**.......... tus conocimientos y experiencias en el **21**.......... y de paso practicar **22**..........? La página www.idiomasdelmundo,com te ofrece la oportunidad de hacerlo. Entra hoy mismo y da un paseo por nuestra página web. Encontrarás muchas sorpresas. Y si buscas un curso de algún idioma que no se enseña en tu ciudad, esta es tu página: del arameo al suajili, puedes encontrar una oferta de más de cincuenta idiomas en red. Te esperamos en www.idiomasdelmundo.com. |

***Cuaderno de claves*, página 17.**

## ¡Ya puedes empezar esta prueba!

# Prueba de Comprensión auditiva

Esta prueba tiene **cuatro tareas**. Usted debe responder a 25 preguntas.

La duración es de 40 minutos.

Marque las opciones elegidas en la **Hoja de respuestas**.

## Tarea 1

Escucha la pista n.º 8 hasta el final. No uses nunca el botón de pausa.

**INSTRUCCIONES**

Usted va a escuchar seis conversaciones. Escuchará cada conversación dos veces. Después, tiene que contestar a las preguntas (de la 1 a la 6). Seleccione la opción correcta (A, B o C).

Marque las opciones elegidas en la **Hoja de respuestas**.

**A continuación va a oír un ejemplo:**

**0.** ¿Qué propuesta acepta el cliente del hotel?

A

B

C

La opción correcta es la C. El señor va a la terraza.

**0.** A ☐ B ☐ C ■

**CONVERSACIÓN 1**

**1.** ¿Qué petición especial tiene la clienta del hotel?

A

B

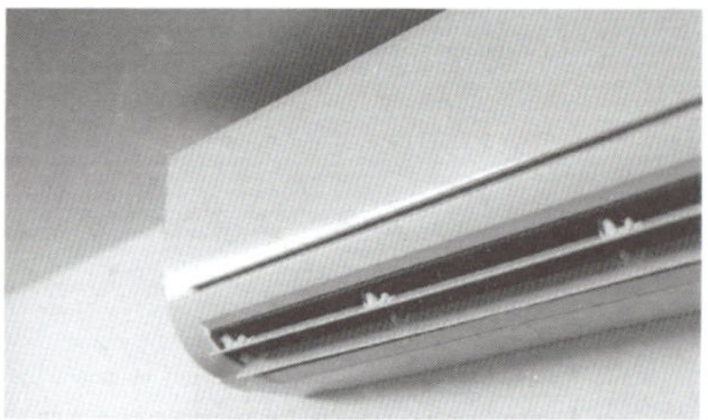

C

**CONVERSACIÓN 2**

**2.** ¿Qué les molesta a los dos clientes?

A

B

C

## CONVERSACIÓN 3

**3.** ¿Qué le ofrece el recepcionista a la clienta?

A

B

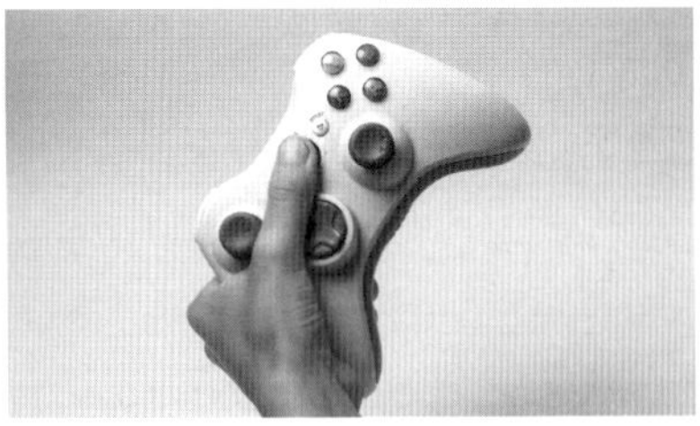
C

## CONVERSACIÓN 4

**4.** ¿Cuál es el problema de la habitación n.º 56?

A

B

C

## CONVERSACIÓN 5

**5.** ¿Qué necesita la mujer para dormir bien?

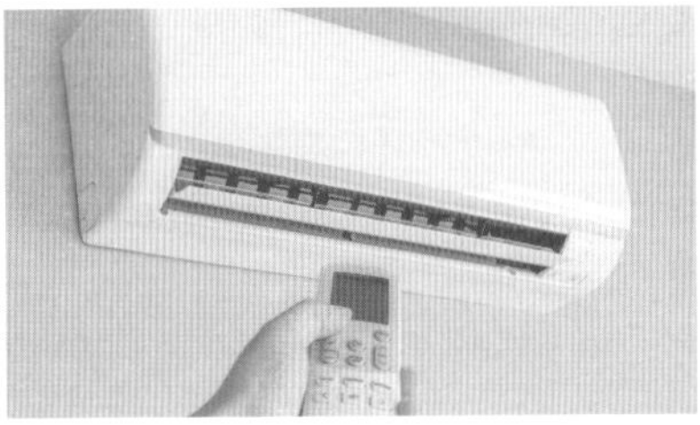
A

B

C

## CONVERSACIÓN 6

**6.** ¿Dónde ha estado Pedro hace un momento?

A

B

C

## Tarea 2

Escucha la pista n.º 9 hasta el final. No uses nunca el botón de pausa.

**INSTRUCCIONES**

Usted va a escuchar seis anuncios o fragmentos de un programa de radio y tiene que responder a seis preguntas. Cada audición se repite dos veces. Lea las preguntas (de la 7 a la 12) y seleccione la opción correcta (A, B o C).

Marque las opciones elegidas en la **Hoja de respuestas**.

**A continuación va a oír un ejemplo:**

**0.** Según la audición, esta empresa ofrece en Canarias...
a) programas de vacaciones.
b) pisos para turistas.
c) trabajo en hoteles.

La opción correcta es la A porque habla de viajes a Canarias.

**0.** A ■ B ☐ C ☐

**PREGUNTAS**

**AUDIO 1**

**7.** El curso Chiquitín enseña...
a) matemáticas a los niños.
b) inglés a adultos.
c) a ser profesor de niños.

**AUDIO 2**

**8.** La oferta de El Porte Inglés es para...
a) comprar ropa de niños.
b) todo el curso.
c) todo el mes de septiembre.

**AUDIO 3**

**9.** Multicentro anuncia...
a) un concierto de Rollins.
b) la última película de Rollins en DVD.
c) un disco de Rollins.

**AUDIO 4**

**10.** Pasarela es...
a) un parque de atracciones.
b) un restaurante.
c) una discoteca.

**AUDIO 5**

**11.** La oferta de lavueltaalavida.com sirve...
a) todavía en octubre.
b) para dos personas de, máximo, treinta años.
c) para ir cinco días a un hotel.

**AUDIO 6**

**12.** Pedro Fuentes anuncia...
a) un libro de varios periodistas.
b una novela sobre la Copa del Mundo.
c) una película sobre los campeones.

## Tarea 3

Escucha la pista n.º 10 hasta el final. No uses nunca el botón de pausa.

**INSTRUCCIONES**

Usted va escuchar una conversación entre Rosa y su vecino. Indique si los enunciados (del 13 al 18) se refieren a Rosa (A), al vecino (B) o a ninguno de los dos (C). Escuchará la conversación dos veces.

Marque las opciones elegidas en la **Hoja de respuestas**.

**Ahora tiene 30 segundos para leer los enunciados.**

| | A. ROSA | B. EL VECINO | C. NINGUNO DE LOS DOS |
|---|---|---|---|
| **0.** Le ofrece algo de beber. | ☒ | ☐ | ☐ |
| **13.** Se va de viaje. | ☐ | ☐ | ☐ |
| **14.** Tuvo un novio en la zona. | ☐ | ☐ | ☐ |
| **15.** Su hermano tiene las llaves del coche. | ☐ | ☐ | ☐ |
| **16.** Insiste en la invitación. | ☐ | ☐ | ☐ |
| **17.** Cree que conoce al hermano. | ☐ | ☐ | ☐ |
| **18.** Piensa ir en moto a Zafra. | ☐ | ☐ | ☐ |

## Tarea 4

Escucha la pista n.º 11 hasta el final. No uses nunca el botón de pausa.

**INSTRUCCIONES**

Usted va a escuchar ocho mensajes, incluido el ejemplo. Cada mensaje se repite dos veces. Seleccione el enunciado (del A al J) que corresponde a cada mensaje (del 19 al 25).

Marque las opciones elegidas en la **Hoja de respuestas**.

**A continuación va a oír un ejemplo:**

La opción correcta es la letra F porque el día 24 van a abrir más horas.

**0.** A ☐ B ☐ C ☐ D ☐ E ☐ F ■ G ☐ H ☐ I ☐ J ☐

**Ahora tiene 45 segundos para leer los enunciados.**

**ENUNCIADOS**

**A.** Es necesario hablar una lengua extranjera.
**B.** Hay un nuevo restaurante.
**C.** No sabe cocinar un plato.
**D.** Ya tienen el nuevo bolso.
**E.** Van a empezar un negocio en la ciudad.
**F.** El día 24 van a abrir más horas.
**G.** Ha perdido algo importante.
**H.** Va a llegar más tarde.
**I.** Hace varios días que no aparece.
**J.** Van a llegar más temprano al aeropuerto.

| MENSAJES | ENUNCIADOS |
|---|---|
| **0.** Mensaje 0 | F |
| **19.** Mensaje 1 | |
| **20.** Mensaje 2 | |
| **21.** Mensaje 3 | |
| **22.** Mensaje 4 | |
| **23.** Mensaje 5 | |
| **24.** Mensaje 6 | |
| **25.** Mensaje 7 | |

***Cuaderno de claves***, páginas 18 y 19.

# Prueba de Expresión e interacción escritas

## Tarea previa

Recuerda que esta tarea no pertenece al examen real. Te ayuda a preparar la prueba 3.

1. **Aquí tienes dos tareas del modelo de examen propuesto por el Instituto Cervantes y dos textos posibles. Relaciona cada tarea con su texto.**

| Tarea A | Tarea B |
|---|---|
| Un amigo le escribe para quedar la próxima semana.<br><br>Asunto: Concierto<br><br>¡Hola!<br>Ya es sábado y no he hablado contigo en toda la semana. ¿Qué has hecho? ¿Mucho trabajo?<br>Te escribo para ver si nos podemos ver la semana que viene. ¿Tienes que hacer muchas cosas? ¿Cuándo puedes quedar?<br>Ya me dices. Un abrazo,<br>Pepe<br><br>Conteste a su amigo. En el correo tiene que:<br>- saludar;<br>- decir qué ha hecho esta semana;<br>- explicar qué va a hacer la próxima semana;<br>- decir un día, un lugar y una hora para quedar;<br>- hacerle dos preguntas y despedirse.<br>**Número de palabras recomendadas: entre 60 y 70.** | Escriba un texto sobre una fiesta de cumpleaños en la que ha estado. Hable de:<br>- quién era el cumpleaños, cuándo y dónde fue, y quiénes estaban allí;<br>- qué hicieron en la fiesta (qué comieron, qué música pusieron, etc.);<br>- qué regalo llevó y qué otros regalos hubo; por qué le gustó esa fiesta;<br>- qué hace usted normalmente en sus cumpleaños, y si recuerda alguno.<br>**Número de palabras recomendadas: entre 70 y 80.** |

| Texto 1 | Texto 2 |
|---|---|
| *Mi última fiesta de cumpleaños tuvo lugar hace tres meses. Era el cumpleaños de mi abuela Marta, que ahora tiene 99 años. Fue mucha gente, también personas que no son de la familia. Lo más importante fue cuando cantamos todos, la abuela lloró un poco. Nadie llevó regalos, a la abuela no le gustan, prefiere las canciones. Me gustó mucho porque nunca he visto a la abuela tan contenta. A mí en realidad los cumpleaños no me gustan nada.*<br>**79 palabras** | *Hola, Pepe.*<br>*Sí, mucho trabajo. Esta semana hemos terminado, por fin, el inventario de invierno y el jefe nos ha dado dos días libres. Ahora podemos quedar.*<br>*¿Tienes ganas de venir el sábado al cine con Alexandra y conmigo? Queremos ver la última película de ese director americano que tanto te gusta, ¿cómo se llama?, ¿o prefieres ir a ver otra película?*<br>*Bueno, llámame por la noche y hablamos.*<br>*Un abrazo*<br>**71 palabras** |

2. **Compara esas tareas con las del modelo de examen n.º 1. Observa si tienen los mismos elementos:**
   - la instrucción;
   - el mensaje electrónico;
   - el tema;
   - las pautas.

3. **Finalmente, escribe tus propios textos para esas dos tareas. Aquí puedes descargar el modelo de examen del Instituto Cervantes:** http://examenes.cervantes.es/a1a2/default.htm

***Cuaderno de claves***, página 20.

## ¡Ya puedes empezar esta prueba!

# Prueba de Expresión e interacción escritas

Número de tareas: 2.

Duración: 45 minutos.

¡Pon el reloj!

## Tarea 1

**INSTRUCCIONES**

Una vecina ha dejado este mensaje en el foro de los vecinos en internet.

Asunto: Basuras

¿Qué tal, vecinos?
Escribo este mensaje a todos los vecinos porque tengo que pedir un favor.
La puerta del cuarto de la basura está rota. Un carpintero va a venir la semana que viene a arreglarla. Hasta entonces, quiero pedir una cosa: ¿podemos llevar la basura personalmente al contenedor de la plaza?
Es una situación temporal. ¿Qué os parece?
Espero vuestros comentarios. Saludos,
Ana

Conteste a su vecina. En el correo tiene que:

- saludar;
- agradecer el mensaje;
- opinar sobre la propuesta;
- aceptarla o rechazarla;
- hacer una pregunta y despedirse.

**Número de palabras recomendadas: entre 60 y 70.**

Anota aquí cuánto tiempo has necesitado: ......................... Pon de nuevo el reloj.

## Tarea 2

**INSTRUCCIONES**

Elija solo una de las dos opciones. En cada opción tiene que tratar todos los puntos.

**OPCIÓN 1**

Escriba un texto sobre una visita a un museo que ha hecho hace poco. Hable de:

- cuándo y por qué fue a ese museo;
- dónde está el museo y su importancia en la ciudad;
- con quién fue y qué hicieron después;
- qué vio en el museo y qué le gustó más;
- qué hace usted normalmente en los museos.

Anota aquí cuánto tiempo has necesitado: ......................... Pon de nuevo el reloj.

**OPCIÓN 2**

Malena Sandoval es una amiga suya de Bogotá, Colombia. Aquí tiene algunas fotos de su último fin de semana.

Malena

Sábado a mediodía

Sábado por la noche

Domingo por la mañana

Usted tiene que escribir un texto sobre Malena Sandoval, y decir:

- cómo es su relación con ella, cómo se conocieron;
- qué hizo con ella el fin de semana;
- con quién fueron y cómo se lo pasaron.

**Número de palabras recomendadas: entre 70 y 80.**

Anota aquí cuánto tiempo has necesitado: .........................

***Cuaderno de claves***, páginas 20 y 21.

# Prueba de Expresión e interacción orales

## Tarea previea

Como ya sabes, esta tarea no pertenece al examen real. Te ayuda a preparar la prueba.

**1. Observa la siguiente fotografía:**

**2. ¿A qué tareas de la prueba 4 se refieren estas preguntas? Marca con una X.**

| | Tarea 1 | Tarea 2 | Tarea 3 |
|---|---|---|---|
| 1. Es importante preparar el vocabulario. | ☐ | ☐ | ☐ |
| 2. Tengo que entender bien la situación. | ☐ | ☐ | ☐ |
| 3. Tengo que mirar bien los detalles. | ☐ | ☐ | ☐ |
| 4. Es importante organizar bien las ideas. | ☐ | ☐ | ☐ |
| 5. Hablo yo, el entrevistador solo me observa. | ☐ | ☐ | ☐ |
| 6. No sé qué me van a preguntar. | ☐ | ☐ | ☐ |
| 7. Tengo que pronunciar bien y no puedo hacer pausas largas. | ☐ | ☐ | ☐ |
| 8. Es la tarea que mejor me sale. No necesito tanto tiempo para prepararla. | ☐ | ☐ | ☐ |

**3. ¿Es importante saber improvisar? Escribe aquí tu comentario, en español o en tu lengua.**

....................................................................................................

....................................................................................................

....................................................................................................

**4. Esta es la tarea 3 de la prueba 4 del modelo de examen del Instituto Cervantes. Lee bien las instrucciones.**

### Tarea 3. Diálogo

Sus padres cumplen 20 años de casados y usted va a **organizar una pequeña fiesta sorpresa** con sus hermanos.

El examinador es su hermano. Hable con él siguiendo estas indicaciones.

**CANDIDATO**

Durante la conversación, tiene que:

- decidir dónde y cuándo van a hacer la fiesta;
- pensar si van a invitar a otros familiares;
- elegir qué comida y bebida va a haber;
- pensar qué regalo les pueden hacer.

**Fuente: Instituto Cervantes**

5. **Aquí tienes posibles preguntas del entrevistador que ofrece el Instituto Cervantes para esa tarea 3. Relaciona cada parte del diálogo (izquierda) con los ejemplos (derecha).**

| **Esquema para la interacción** | |
|---|---|
| 1. Saludar | a. - *¿Qué día te parece mejor para hacer la fiesta? ¿Y a qué hora? ¿Por qué?*<br>- *¿En qué casa la hacemos? ¿Cuándo la podemos preparar?* |
| 2. Proponer la fiesta | b. - *¿Qué vamos a hacer en la fiesta?*<br>- *¿Ponemos música de cuando eran jóvenes? ¿Quién busca la música?*<br>- *¿Vamos a organizar alguna actividad? ¿Buscamos fotos o vídeos de distintos momentos de sus vidas?*<br>- *¿Te parece bien hacerles un poema o leer algo? ¿Quién lo hace?* |
| 3. Dónde y cuándo | c. - *¿A quiénes invitamos? ¿A otros familiares? ¿A alguno de sus amigos?*<br>- *¿Cómo vamos a invitarlos? ¿Quién lo hace?* |
| 4. A quién invitar | d. - *Hola, ¿cómo estás?*<br>- *¿Recuerdas que la semana que viene es el 20 aniversario de boda de papá y mamá?* |
| 5. Qué comida y bebida poner | e. - *¿Qué comida vamos a hacer? ¿Quién la compra y la prepara?*<br>- *¿Vamos a comprar o hacer una tarta? ¿De qué?*<br>- *¿Tienen que traer algo los invitados que van a venir?* |
| 6. Qué hacer durante la fiesta | f. - *¿Qué te parece si les organizamos una fiesta sorpresa?* |
| 7. Hacer un regalo | g. - *¿Nos falta pensar alguna otra cosa? ¿El qué?*<br>- *De acuerdo, hasta luego.* |
| 8. Despedirse | h. - *¿Qué podemos regalarles? ¿Algo personal? ¿Un viaje de fin de semana?* |

Pon la pista n.º 12, escucha ahora todas esas preguntas y responde.

Graba tus respuestas.

Escucha tus respuestas. Si no te gustan, graba otra vez las respuestas.

***Cuaderno de claves***, páginas 21 y 22.

# ¡Ya puedes empezar esta prueba!

## LA PREPARACIÓN

Tienes **12 minutos** para preparar las tres tareas. Es muy importante medir el tiempo que necesitas para prepararlas. Pon el reloj.
Sigue las indicaciones que aparecen a continuación.

### Tarea 1. Monólogo

**UNA CENA ESPECIAL**

**INSTRUCCIONES**

Hable de una cena especial en la que usted ha participado, en su empresa o con su familia. Hable de:

- dónde tuvo lugar;
- el motivo de la cena y quién la organizó;
- quién participó y quién no;
- alguna anécdota durante la cena;
- cuándo se va a celebrar la siguiente cena.

### Tarea 2. Descripción

**UN ENCUENTRO DE AMIGOS**

Hable de la foto durante dos o tres minutos. Usted debe hablar de:

- ¿Cómo son las personas de la foto (físico, personalidad que cree que tienen...)? ¿Qué ropa llevan?
- ¿Dónde están esas personas? ¿Qué objetos hay? Describa el lugar.
- ¿Qué están haciendo las personas de la foto?
- ¿Qué relación cree que hay entre ellas?
- ¿Qué cree que piensan o cómo cree que se sienten estas personas? ¿Por qué?
- ¿Qué cree que han hecho antes? ¿Y qué van a hacer después?

### Tarea 3. Diálogo

Usted quiere quedar con una amiga que hace tiempo que no ve. La entrevistadora es esa amiga. Hable con ella siguiendo estas indicaciones.

**CANDIDATO**

Durante la conversación, tiene que:

- interesarse por su amiga, a la que no ve hace tiempo;
- proponerle quedar para hablar tranquilamente;
- proponerle un día, una hora y un lugar concreto;
- llegar a un acuerdo y despedirse.

Anota aquí cuánto tiempo has necesitado para preparar la entrevista: ........................

## LA ENTREVISTA

***Crono A2*** te ofrece preguntas como las del examen. Como hemos visto en la tarea previa, se trata de una conversación con parte de **improvisación**. Debes escuchar y responder a las preguntas una a una, y no escuchar primero todas las preguntas y responder luego. Puedes escuchar cada pregunta varias veces si no la entiendes.

**¡Atención!** En el examen te ofrecen la posibilidad de hablar de tú o de usted. En este modelo hablamos de **usted**.

### Tarea 1

Recuerda que la duración de esta tarea es de **2** a **3 minutos**.

Pon la pista n.º 13. Escucha las instrucciones y las preguntas y responde.

Graba tu exposición.

### Tarea 2

Recuerda que la duración de esta tarea es de **2** a **3 minutos**.

Pon la pista n.º 14. Escucha las instrucciones y las preguntas y responde.

Graba tu descripción.

### Tarea 3

Recuerda que la duración de esta tarea es de **3** a **4 minutos**.

Pon la pista n.º 15. Escucha las instrucciones y las preguntas y responde.

Graba tus respuestas.

***Cuaderno de claves***, página 22.

# ABC Vocabulario

## Prueba 1: Comprensión de lectura

Vuelve a los textos de las tareas, lee la frase donde está cada palabra y anota aquí su significado en tu lengua. Recuerda que aquí el vocabulario está en orden alfabético.

| | En español | En tu lengua | En español | En tu lengua |
|---|---|---|---|---|
| Tarea 1 | decidir | ............................ | los demás | ............................ |
| | departamento (empresa) | ............................ | organizar | ............................ |
| | elegir | ............................ | sitio | ............................ |
| | jefe/jefa | ............................ | subir | ............................ |
| Tarea 2 | a partir de | ............................ | hacer prácticas | ............................ |
| | acampar | ............................ | imprimir | ............................ |
| | acceder | ............................ | integral | ............................ |
| | adoptar | ............................ | introducir | ............................ |
| | ambiente (el) | ............................ | llegar a un acuerdo | ............................ |
| | bien comunicado/a | ............................ | mejorar | ............................ |
| | campamento | ............................ | patas | ............................ |
| | cara | ............................ | permanecer cerrado | ............................ |
| | cerrar las puertas | ............................ | protectora de animales | ............................ |
| | comunicar | ............................ | reducir | ............................ |
| | conseguir | ............................ | relajante | ............................ |
| | chequeo | ............................ | responsable | ............................ |
| | desaparecer | ............................ | reunión previa | ............................ |
| | disfrutar (de) | ............................ | sacar un examen (coloq.*) | ............................ |
| | fumador/fumadora | ............................ | salud (la) | ............................ |
| | habitual | ............................ | utilizar | ............................ |
| | hacer cambios | ............................ | ventilado/a | ............................ |
| Tarea 3 | a tu gusto | ............................ | limpiar | ............................ |
| | adecuado/a | ............................ | realizar un viaje | ............................ |
| | añadir | ............................ | recomendar | ............................ |
| | eficacia | ............................ | resolver (un problema) | ............................ |
| | encantador/a | ............................ | sin avisar | ............................ |
| | enlace | ............................ | trato | ............................ |
| | glaciar (el) | ............................ | vuelo | ............................ |
| Tarea 4 | bolsillo | ............................ | lleno de | ............................ |
| | crecer | ............................ | negocio familiar | ............................ |
| | fundar | ............................ | perder dinero | ............................ |
| | judío/a | ............................ | problema intestinal | ............................ |

*coloq.: propio del lenguaje coloquial.

# Prueba 2: Comprensión auditiva

Vuelve a escuchar las audiciones de este modelo de examen, pulsa el botón de pausa y escribe el significado de cada palabra en tu lengua. Recuerda que aquí el vocabulario está en orden alfabético.

## Tarea 1 (8)

| En español | En tu lengua | En español | En tu lengua |
|---|---|---|---|
| aire acondicionado (el) | ...................... | mantenimiento | ...................... |
| aspiradora | ...................... | por ninguna parte | ...................... |
| ático | ...................... | reclamación (la) | ...................... |
| cabaña | ...................... | reunión (la) | ...................... |
| cliente habitual | ...................... | sala de espera | ...................... |
| dibujo | ...................... | secador del pelo (el) | ...................... |
| entretenerse | ...................... | tomarse algo | ...................... |
| juguete (el) | ...................... | vecino/a | ...................... |

## Tarea 2 (9)

| En español | En tu lengua | En español | En tu lengua |
|---|---|---|---|
| a la venta | ...................... | entrada gratis | ...................... |
| abrigo | ...................... | equipo | ...................... |
| artista | ...................... | experiencia única | ...................... |
| campeón (el) | ...................... | falda | ...................... |
| casa rural | ...................... | jersey (el) | ...................... |
| comida | ...................... | matricularse | ...................... |
| compartir | ...................... | mercado | ...................... |
| desayuno | ...................... | oferta válida | ...................... |
| educar | ...................... | pantalón (el) | ...................... |

## Tarea 3 (10)

| En español | En tu lengua | En español | En tu lengua |
|---|---|---|---|
| dejar | ...................... | Perdona la molestia. | ...................... |
| hermano/a | ...................... | precioso/a | ...................... |
| independiente | ...................... | pueblo | ...................... |
| parecer | ...................... | regar | ...................... |
| pedir un favor | ...................... | viajar en moto | ...................... |

## Tarea 4 (11)

| En español | En tu lengua | En español | En tu lengua |
|---|---|---|---|
| agenda | ...................... | método de enseñanza | ...................... |
| bolso | ...................... | patata | ...................... |
| despacho | ...................... | pedir ayuda | ...................... |
| estar en paro | ...................... | película | ...................... |
| flexible | ...................... | preparar | ...................... |
| gafas de sol | ...................... | receta | ...................... |
| huevo | ...................... | recordar | ...................... |
| inscribirse en | ...................... | regalo | ...................... |
| La llegada está prevista para... | ...................... | tarjeta de crédito | ...................... |
| llover | ...................... | tener hambre | ...................... |
| mensaje (el) | ...................... | volar | ...................... |

# Modelo de examen n.° 3



Las tareas previas de las pruebas de este modelo de examen se centran en un aspecto muy importante del examen DELE: los tipos de texto que vas a leer, escuchar o escribir. Los textos del examen a veces son diferentes de los que aparecen en los libros y cursos de español. Tienes que saber qué textos vas a encontrar en el examen. Esta información te ayuda a tener más sensación de control.

# Prueba de Comprensión de lectura

## Tarea previa

Esta tarea no pertenece al examen real. Te ayuda a preparar la prueba 1.

1. **Observa esta lista de tipos de textos. Marca en qué tarea de la prueba 1 los puedes encontrar. Atención, en la lista hay tipos de texto que no son del nivel A2.**

| Tipología textual en el DELE A2. Prueba 1 | Tarea 1 | Tarea 2 | Tarea 3 | Tarea 4 |
|---|---|---|---|---|
| 1. Un mensaje electrónico de una chica a su amiga que vive en el extranjero. | | | | |
| 2. Un anuncio de una empresa que vende un nuevo producto. | | | | |
| 3. Un aviso de un supermercado sobre los horarios de vacaciones. | | | | |
| 4. Un texto de un español que vive en Japón y cuenta las costumbres del país. | | | | |
| 5. La biografía de un deportista famoso en su país. | | | | |
| 6. Un fragmento de una guía de viaje que trata de un monumento. | | | | |
| 7. Un fragmento de un artículo de una enciclopedia. | | | | |
| 8. Un resumen de una biografía de un personaje histórico. | | | | |
| 9. Una carta de la secretaria de una empresa a un cliente. | | | | |
| 10. Un mensaje electrónico de un trabajador de una empresa a un compañero de trabajo. | | | | |
| 11. Una carta de una persona a un miembro de su familia. | | | | |
| 12. Un anuncio de una persona que alquila una habitación. | | | | |
| 13. Un contrato de alquiler de un apartamento. | | | | |
| 14. Un artículo periodístico sobre una persona que ha ganado un premio importante. | | | | |
| 15. Un artículo periodístico sobre un científico que ha ganado un premio importante. | | | | |
| 16. Un aviso de una empresa de transporte que ha cambiado sus precios. | | | | |
| 17. Un texto de una persona que cuenta su experiencia en un viaje. | | | | |
| 18. Un fragmento de un blog de una empresa en el que un cliente cuenta su experiencia con un producto. | | | | |
| 19. Una carta de reclamación de un cliente. | | | | |
| 20. Un anuncio de trabajo. | | | | |
| 21. Las condiciones de un contrato de trabajo. | | | | |
| 22. El resumen de una película. | | | | |
| 23. Un fragmento de una novela. | | | | |
| 24. Una carta de un lector de un periódico al director de ese periódico. | | | | |

2. **Aquí tienes fragmentos de textos que aparecen en la prueba 1 de los modelos de examen de *Crono A2* y del Instituto Cervantes. Escribe el número de la tarea a la que pertenecen.**

| Tipología textual en el DELE A2. Prueba 1 | Tarea |
|---|---|
| 1. Yo voy a pasar un mes en Madrid, el mes de octubre, quizá un poco más, ya veremos. Tengo un contrato de un mes en una agencia de turismo especializada en Japón, y como hablo español y conozco el tema, me han contratado para aconsejar sobre el país y dar información práctica a los turistas. | |
| 2. Después de mis estudios de turismo, no sabía qué hacer, solo sabía que quería viajar. Me fui a EE. UU., pero no tuve suerte: conseguir el permiso de trabajo era muy difícil. Decidí visitar México. | |
| 3. Trabajé en la Copa Davis dos días. Me protegí del frío como pude. Media hora antes de cada partido entraba mucha gente, pero el resto del tiempo estábamos de pie sin actividad. Nadie nos ofreció comida ni bebida. | |
| 4. ¿Sabes una cosa? Ayer vi a Paula en el autobús. Antes, cuando vivía en el edificio de enfrente, la veía mucho, pero desde que se fue del barrio no nos vemos nunca. Dice que está muy contenta en su nueva casa y que ahora tiene un trabajo mejor en la misma empresa.* | |
| 5. Se necesita compañero de piso para una habitación grande, exterior, con mucha luz en una casa para tres personas con un baño, cocina y comedor amplio. Mejor un estudiante, como nosotros.* | |
| 6. Yo estudié para ser cocinera y sabía que quería irme a conocer otros países. Quería estudiar inglés y me fui a EE. UU. a una escuela en verano. Fue una buena experiencia porque cambió toda mi vida.* | |
| 7. Me llamo Rumbo y desaparecí la noche del pasado sábado 5 de septiembre.<br>Soy pequeño (mido 40 cm), marrón chocolate y, en la cara y en las patas, marrón claro. Tengo dos años y necesito unas medicinas especiales. | |
| 8. El Ayuntamiento de Parlora va a abrir un centro para mayores en la plaza Mayor. El centro va a tener una ambulancia para poder llevar a los mayores al hospital más cercano, que está a quince kilómetros del pueblo. | |
| 9. ¡Hola!<br>Me llamo Laura, tengo 21 años y soy trabajadora social. Me quiero sacar el First Certificate, pero no puedo hacer un curso, ni por dinero ni por tiempo, en una academia. Busco... | |
| 10. He escrito un libro sobre historias de Madrid. Un librero de una librería especializada en obras sobre Madrid me escribió para decirme que le gustaba mucho mi trabajo y me preguntó si quería escribir un libro con historias del blog y otras nuevas. Lo hice en dos meses y fue una experiencia maravillosa.* | |

***Fuente: Instituto Cervantes**

3. **¿Por qué es importante conocer los tipos de texto que hay en la prueba? Escribe aquí tu comentario, en español o en tu lengua.**

.......................................................................................................................................

.......................................................................................................................................

***Cuaderno de claves*, página 23.**

# ¡Ya puedes empezar esta prueba!

# Prueba de Comprensión de lectura

Esta prueba tiene **cuatro tareas**. Usted debe responder a 25 preguntas.

La duración es de 60 minutos.

Marque las opciones elegidas en la **Hoja de respuestas**.

Pon el reloj al principio de cada tarea.

## Tarea 1

**INSTRUCCIONES**

Usted va a leer el correo electrónico que Elisenda le ha escrito a Pedro. A continuación, conteste a las preguntas (de la 1 a la 5). Seleccione la opción correcta (A, B o C).

Marque las opciones elegidas en la **Hoja de respuestas**.

Para: pedro.tormo@yahoo.es    De: elisend@emilito.es    Asunto: Vacaciones de Navidad

¡Hola, Pedro!

Ya sabes que este año organizo yo el viaje de Navidad. El lunes voy a una agencia de viajes y necesito preguntarte algunas cosas antes. Tengo que hablar también con Marta y con Judith. Con Alberto no porque me dijo hace tiempo, en una cena, que este año no puede, empieza un proyecto nuevo y va a estar ocupado todo el mes de diciembre y parte de enero. Ese hermano nuestro siempre con tanto trabajo.

Bueno, pues dime cuándo empiezan tus vacaciones y cuántos días libres tienes. ¿Prefieres el norte o el sur? ¿Has estado alguna vez en Italia? Creo que no, pero no estoy segura. Lo que piensa Marta sobre esto ya lo conoces, y a Judith le da igual, así que solo me falta saber tu opinión. Y otra cosa, ¿qué tal un viaje en tren? Puede salir un poco más caro, pero es más divertido; todos con mochilas como cuando hicimos aquel viaje por Francia los dos juntos, ¿recuerdas?

Aprovecho este mensaje para contarte que Carlos se va con su familia a Málaga. Parece que Virtudes está bastante enferma y quiere pasar las Navidades con todos sus hijos. Ya sabes lo que piensa de mí mi suegra, como no estamos casados, no me quiere ver en su casa. ¡Qué anticuada es esa señora, de verdad! Afortunadamente, Carlos, aunque es hijo suyo, es muy diferente.

Bueno, te dejo. Escríbeme dos líneas cuanto antes, ¿vale?

Un beso de tu hermana,

Elisenda

**PREGUNTAS**

**1. Elisenda escribe para preguntar a Pedro...**
a) por sus planes para las vacaciones.
b) por su nuevo proyecto.
c) por Marta y Judith.

**2. Elisenda necesita esa información para...**
a) ponerse de acuerdo con Alberto.
b) preparar una cena.
c) organizar un viaje.

**3. Alberto y Elisenda son...**
a) amigos.
b) hermanos.
c) compañeros de trabajo.

**4. Elisenda recuerda un viaje que hizo...**
a) con Pedro.
b) con Judith y con Marta.
c) con Judith, Marta y Pedro.

**5. Carlos va a pasar las vacaciones en casa de...**
a) su madre.
b) su mujer.
c) su novia.

Anota aquí cuánto tiempo has necesitado: .......................... Pon de nuevo el reloj.

## Tarea 2

**INSTRUCCIONES**

Lea los ocho anuncios. A continuación, responda a las preguntas (de la 6 a la 13). Seleccione la opción correcta (A, B o C).

Marque las opciones elegidas en la **Hoja de respuestas**.

**Ejemplo:**

**TEXTO 0**

**GRAN RADIOTÓN DEL NO**

**Sábado 30 de septiembre**

Desde las 7:00 hasta la 1:00 de la madrugada
8.7 AM de Radio Libre.

**Escúchalo y participa**

Distribución de volantes, informes, análisis, documentos.
Alfaro, Edificio Ventura, Oficina 30 www.radiotón.es

**0.** La acción que anuncia este texto...

a) es un concurso.

b) dura casi todo el día.

c) se emite solo en internet.

La opción correcta es la B porque empieza a las siete de la mañana y termina a la una de la noche.

**0.** A ☐ B ■ C ☐

**TEXTO 1**

**ESPACIO JOVEN FIESTAS DE SAN JOSÉ**

miércoles 31 agosto — **EL BARRIO ES TUYO.** 18:00 h: muestra de actividades realizadas por jóvenes de la Casa de la Juventud de San José. Gran mural grafiti sobre el barrio. 19:30 h: concierto didáctico de la A. C. Xinglat.

jueves 1 septiembre — **LA CALLE DEL OCIO.** 18:00 h: gran juego por el parque realizado por JuveLino. 19:30 h: bicicletada por el barrio (colabora A. Pedalea). 22:00 h: proyección al aire libre de las películas *El milagro de Candeal* y *Bagdad rap*.

viernes 2 septiembre — **20 AÑOS DE EMISIONES LIBRES. RADIO LA GRANJA.** 18:00 h: Feria de Asociaciones del Barrio. 20:00 h: concierto en directo. Actúan: Saciedad, 3res, Capazo, Potatílicos, Juako, Falcone y Electric Grave.

Precios populares

**6.** En las fiestas de San José va a haber...

a) un concierto con música de Bagdad.

b) una obra de teatro con música.

c) música de más de cinco grupos.

**TEXTO 2**

Instrucciones de uso

**PARA COGER UNA BICICLETA:**
1. Acerca la tarjeta de usuario/a al lector.
2. Coge la bicicleta que te indica la pantalla.

**SI LA ESTACIÓN NO TIENE BICICLETAS:**
1. Acerca la tarjeta de usuario/a al lector.
2. En la pantalla aparecen las estaciones más próximas.

**PARA DEVOLVER UNA BICICLETA:**
1. Deja la bicicleta sobre un punto libre.
2. Espera la luz roja.

**SI LA ESTACIÓN NO TIENE ESPACIOS LIBRES PARA DEJAR LA BICICLETA:**
1. Acerca la tarjeta de usuario/a al lector.
2. En la pantalla aparecen las estaciones más próximas.

**PARA ABONARTE AL *BICING* Y TENER MÁS INFORMACIÓN:**
Averías: 910 34 79 90 Información y consultas: 910 34 79 91

**7.** El anuncio explica que es necesaria la tarjeta...

a) para dejar la bicicleta donde estaba.

b) para saber dónde encontrar más bicicletas.

c) para abonarse al servicio.

**TEXTO 3**

Alquilo una habitación confortable, en la calle Bonsuccés, muy cerca de la Font de Canaletes. Aire acondicionado, calefacción, nevera individual en la habitación, teléfono, internet, piano. Trato cordial. La calle es silenciosa. Una escalera bien cuidada, solo siete viviendas, con ascensor. Teléfono: 934 046 723

934 046 723 | 934 046 723 | 934 046 723 | 934 046 723 | 934 046 723 | 934 046 723 | 934 046 723

**8.** En el anuncio se informa de que...

a) el sitio es tranquilo.

b) la escalera es de uso individual.

c) no está permitido guardar comida.

**TEXTO 4**

¿Necesita una traducción?

Soy traductor y corrector de pruebas. Le ofrezco mi servicio a precios competitivos. Me licencié en Filología en la Universidad de Toronto. También cursé dos años en la Universidad de Buenos Aires.
IDIOMAS: inglés y castellano (bilingüe). Además, francés e italiano. (Nací en Canadá. Mi padre es peruano y mi madre italiana).
Sandro (traductor) 646 195 340

Sandro (traductor) 646 195 340 | Sandro (traductor) 646 195 340 | Sandro (traductor) 646 195 340 | Sandro (traductor) 646 195 340 | Sandro (traductor) 646 195 340 | Sandro (traductor) 646 195 340 | Sandro (traductor) 646 195 340 | Sandro (traductor) 646 195 340

**9.** En este anuncio Sandro dice que...

a) terminó la carrera en Argentina.

b) habla castellano como un nativo.

c) busca una persona que traduzca.

**TEXTO 5**

**Parque natural de Penalar**

**Visita de grupos**

- Los grupos deben llamar o pasar por la Casa del Parque antes de entrar al parque.
- Las visitas de grupos organizadas tienen una regulación especial.
- Para evitar la aglomeración en los puntos más frágiles, los grupos deben seguir las indicaciones sobre las zonas donde se puede comer, etc.

**Muchas gracias por su colaboración**

10. En el parque natural de Penalar, los grupos...
    a) pueden entrar directamente.
    b) pueden comer libremente.
    c) deben cumplir unas normas.

**TEXTO 6**

**CURVE**

**La capacidad de sorprenderte. En Costa Rica, a partir del próximo 16 de febrero.**

**Esta es la oportunidad de cambiar tu vida en treinta minutos.**

En Curve podemos ayudarte, son 30 minutos de ejercicios para perder peso con la ayuda que necesitas.
Llámanos hoy mismo y descubre lo que más de dos millones de personas ya saben: nuestro objetivo es hacer realidad tus sueños.

11. La empresa Curve tiene una oferta...
    a) en Costa Rica.
    b) para adelgazar.
    c) solo para mujeres.

**TEXTO 7**

**ATENCIÓN**

Recuerde llevarse el *ticket* y abonar su estancia en los cajeros automáticos antes de retirar el vehículo.

**NO DEJEN NADA DE VALOR EN LOS VEHÍCULOS**

La empresa no se responsabiliza de los desperfectos y/o robos que pueden producirse en este recinto.

12. Avisan de que en este aparcamiento hay...
    a) muchos robos.
    b) vehículos de mucho valor.
    c) que pagar antes de subir al auto.

**TEXTO 8**

**AVISO DE CORTE DE AGUA: RODRÍGUEZ ARIAS**

El Ayuntamiento informa de que el próximo miércoles, día 28 de febrero, se va a interrumpir el suministro de agua entre las 16:00 y las 19:00 horas.

**El corte de agua afectará a la siguiente zona:**
Rodríguez Arias, números pares del 50 al 58.

El corte se debe a los trabajos de renovación de una toma de agua a la altura del n.° 50 de la calle Rodríguez Arias.

Disculpen las molestias

13. El Ayuntamiento avisa de...
    a) que el día 28 por la tarde no hay agua.
    b) cortes de tráfico en la calle Rodríguez Arias.
    c) un problema con el agua en el n.° 50.

Anota aquí cuánto tiempo has necesitado: ............................ Pon de nuevo el reloj.

## Tarea 3

**INSTRUCCIONES**

Usted va a leer tres textos de tres estudiantes de una escuela de idiomas que dejan sus comentarios en el foro de la página web de la escuela. Relacione las preguntas (de la 14 a la 19) con los textos (A, B o C).

Marque las opciones elegidas en la **Hoja de respuestas**.

**PREGUNTAS**

| | A. ELOÍSA | B. CECILIA | C. WALTER |
|---|---|---|---|
| **14.** ¿Quién compara su nivel de idioma con el de otra persona? | ☐ | ☐ | ☐ |
| **15.** ¿A quién le motivaban las tareas fuera de clase? | ☐ | ☐ | ☐ |
| **16.** ¿Quién explica la duración y frecuencia de las clases? | ☐ | ☐ | ☐ |
| **17.** ¿A quién le gustaron las explicaciones de su profesora? | ☐ | ☐ | ☐ |
| **18.** ¿Quién compara el centro de enseñanza con otros centros? | ☐ | ☐ | ☐ |
| **19.** ¿Quién aprende actualmente el idioma con el ordenador? | ☐ | ☐ | ☐ |

**TEXTOS**

**A. ELOÍSA**

Mi nombre es Eloísa. Desde marzo tomo clases *online* de conversación en alemán y la experiencia es muy recomendable. He conocido a diferentes profesores y todos son muy profesionales. Simone, por ejemplo, es una profesora responsable, dedicada y tiene mucha experiencia, demuestra un manejo impecable del idioma alemán. Es muy clara y didáctica en sus explicaciones y las clases son muy entretenidas.

Durante el mes de diciembre, tomé clases particulares con Martin en la escuela. Un total de nueve horas repartidas en clases de noventa minutos. Martín me pareció un profesor muy bueno y flexible. Además, siempre propuso temas diferentes y aportó material extra, con él aprendí los conceptos a través de diferentes metodologías.

**B. CECILIA**

Los profesores que tuve consiguieron su objetivo: ahora puedo decir que sé hablar el idioma, aunque aún me falta. Probé otras escuelas, clases particulares, la universidad..., pero nada. Mis profesores me dedicaron todo el tiempo necesario hasta que pude aprender conocimientos gramaticales como las declinaciones y logré comunicarme.

La profesora Yvonne, por ejemplo, me ayudó a superar los problemas que me presentaba la pronunciación solo con la práctica. Cada vez que uno se encuentra con algún problema, ella busca diferentes maneras para superar esa dificultad y seguir adelante aprendiendo el idioma. Es experta en animar a los alumnos. La felicito.

**C. WALTER**

Mi nombre es Walter y, junto a mi novia Marina, soy alumno de Martin desde hace dos años. Martin es un excelente profesor, sabe perfectamente captar la atención del alumno mediante materiales variados, como vídeos y textos, con temas que van desde el humor hasta la cocina, pasando por la historia de su país. También sabe adaptarse a las capacidades, tiempo y circunstancias del estudiante. En mi caso particular, cuando lo conocí no sabía ni una sola palabra en su idioma, lo cual me hacía estar por debajo de mi novia, pues sus abuelos proceden de Austria. Martin supo darme tareas extra para ponerme a su altura, y eso me animó mucho. Ahora los dos podemos hablar y entendernos sin problema, gracias a él.

Adaptado de https://casaidiomas.com/testimonios.html

Anota aquí cuánto tiempo has necesitado: ........................... Pon de nuevo el reloj.

## Tarea 4

**INSTRUCCIONES**

Usted va a leer un fragmento de un folleto turístico sobre la isla Grande de Chiloé, en Chile. A continuación, conteste a las preguntas (de la 20 a la 25). Seleccione la opción correcta (A, B o C).

Marque las opciones elegidas en la **Hoja de respuestas**.

### La isla Grande de Chiloé y el estrecho sur

Hace diez mil años estas islas no tenían habitantes. Los primeros que vivieron aquí fueron los chonos, pueblo indígena que iba y venía con sus canoas de madera por el mar interior. Los chonos pescaban y recogían marisco. Desaparecieron en el siglo XVIII como grupo social dentro del sistema social y económico europeo.

Los huilliches llegaron más tarde y se quedaron en la isla Grande hasta hoy. Es un pueblo agricultor y pescador que empujó a los chonos hacia el sur. Su presencia humana y cultural por más de cinco siglos influyó mucho en las costumbres, en el lenguaje y en las actividades productivas y sociales de Chiloé. Estos pueblos dominaron y poblaron estas tierras, desarrollaron sus antiguas tradiciones durante el periodo colonial y han sobrevivido hasta el presente.

48 años después de la llegada de Colón a América, el navegante español Alonso de Camargo vio estas islas. Fue el mismo año de la entrada de Pedro de Valdivia en Chile, 1540, pero en distinto viaje. Camargo fue el primero que navegó por esta parte del océano Pacífico.

Valdivia, tras fundar en febrero de 1552, la ciudad que lleva su nombre, siguió hacia el sur en busca del estrecho junto a 150 soldados. Después de atravesar la región, llegó a Reloncaví y vio la isla Grande de Chiloé. Solo la crónica de Alonso de Góngora Marmolejo y una carta del propio Valdivia al rey dan datos de esta expedición, por eso hay dudas de si realmente llegó allá o no. Los españoles recorrieron la costa norte del canal de Chacao, pero no pudieron cruzarlo; observaron desde sus orillas la isla Grande de Chiloé y otras, y volvieron después de una corta exploración.

A principios de noviembre de 1553, Valdivia encargó a Francisco de Villagra las exploraciones del sur del continente. Salió por tierra desde la ciudad de Valdivia con 65 hombres. En esta ocasión el canal de Chacao no les permitió el paso y volvieron hacia el norte desde las orillas de Reloncaví.

Al mismo tiempo, en octubre de 1553, Valdivia envió desde Concepción al mariscal Francisco de Ulloa, capitán de los fuertes de Arauco y Tucapel, y al piloto Francisco Cortés de Ojea, que salieron en misión de exploración en busca del paso entre los dos océanos. Esta vez sí cruzaron, sin mapas todavía, el estrecho desde el Pacífico al Atlántico, importante ruta de comunicación y comercio entre ambos océanos. Poco después, exploraron también todo el litoral de la isla Grande de Chiloé y territorios al sur del canal de Chacao.

Adaptado de http://www.turismochile.com

**PREGUNTAS**

**20.** En las islas chilenas de Chiloé vive gente desde hace...
- a) diez mil años.
- b) más de diez mil años.
- c) menos de diez mil años.

**21.** Los huilliches son un pueblo que...
- a) vivía solo del marisco.
- b) vive en la isla en la actualidad.
- c) dejaron la isla muy pronto.

**22.** En 1540 Pedro de Valdivia...
- a) llegó a Chile.
- b) dio nombre a una ciudad.
- c) vio por primera vez la isla.

**23.** Se cree que el primer navegante que vio estas islas fue...
- a) Alonso de Camargo.
- b) Francisco de Villagra.
- c) Francisco de Ulloa.

**24.** Francisco de Villagra y Francisco de Ulloa...
- a) salieron juntos.
- b) salieron por separado.
- c) salieron, pero nunca regresaron.

**25.** El paso del estrecho era importante para...
- a) llegar al Polo Sur.
- b) hacer mapas de todo el continente.
- c) poder comerciar por toda América.

Anota aquí cuánto tiempo has necesitado: ............................

***Cuaderno de claves***, páginas 23-25.

# Prueba de Comprensión auditiva

## Tarea previia

Esta tarea no pertenece al examen real. Te ayuda a preparar la prueba 2.

1. **En la siguiente lista hay distintos tipos de audios que puedes encontrar en esta prueba. Marca la tarea a la que pertenecen. Atención, en la lista hay tipos de audios que no son del nivel A2.**

| Tipología textual en el DELE A2. Prueba 2 | Tarea 1 | Tarea 2 | Tarea 3 | Tarea 4 |
|---|---|---|---|---|
| 1. Un mensaje de contestador de una chica que quiere quedar con su amiga. | | | | |
| 2. Un anuncio de radio de una empresa que vende un nuevo producto. | | | | |
| 3. Un aviso de un supermercado sobre un cambio en los horarios. | | | | |
| 4. Una noticia sobre el tiempo que va a hacer la próxima semana. | | | | |
| 5. Un reportaje de radio sobre un deportista famoso en su país. | | | | |
| 6. Una entrevista a una especialista en turismo mexicano. | | | | |
| 7. Una conversación breve en un hotel entre el recepcionista y un cliente. | | | | |
| 8. Dos amigos hablan de un objeto que uno de ellos ha perdido. | | | | |
| 9. Una conversación larga entre dos amigos que desde hace tiempo no se ven. | | | | |
| 10. Un mensaje de contestador de un compañero de trabajo. | | | | |
| 11. Una conferencia de un especialista en energías renovables. | | | | |
| 12. Un aviso de la compañía eléctrica en el contestador. | | | | |
| 13. Le megafonía de un centro comercial avisa a un cliente de que ha olvidado algo en un departamento. | | | | |
| 14. Dos hermanos hablan de un cumpleaños que han preparado a un tercer hermano. | | | | |
| 15. Una entrevista a un policía sobre los problemas de seguridad de la ciudad. | | | | |
| 16. Un aviso de una empresa de transporte que va a entregar un paquete. | | | | |
| 17. Una chica quiere comprar un regalo a su novio, pero no sabe qué, así que habla con la dependienta. | | | | |
| 18. Un monólogo de una persona que habla de su experiencia con exámenes de idiomas. | | | | |
| 19. Una noticia larga de televisión sobre una catástrofe natural. | | | | |
| 20. Dos clientes de un restaurante hablan con el camarero. | | | | |

2. **Escucha los siguientes fragmentos de audios de la prueba 2. Son de los modelos de examen de *Crono A2* y del modelo de examen del Instituto Cervantes. Marca en la tabla con una X a qué tarea corresponden.**

Escucha la pista n.º 16. Vas a escuchar cada audio dos veces. Usa el botón de pausa si lo necesitas.

**Tipología de textos auditivos en el DELE A2.**
**Prueba 2**

| | Tarea 1 | Tarea 2 | Tarea 3 | Tarea 4 |
|---|---|---|---|---|
| 1. | | | | |
| 2. | | | | |
| 3. | | | | |
| 4. * | | | | |
| 5. | | | | |
| 6. | | | | |
| 7. * | | | | |
| 8. | | | | |
| 9. * | | | | |
| 10. | | | | |
| 11. * | | | | |
| 12. | | | | |

***Fuente: Instituto Cervantes**

3. **¿Qué diferencias ves entre los textos de la prueba 1 y los audios de la prueba 2? Escribe aquí tu comentario, en español o en tu lengua.**

.......................................................................................................................................

.......................................................................................................................................

.......................................................................................................................................

4. **Marca con un círculo, en la tabla de la página anterior, los tipos de audio que escuchas normalmente en tu contacto con el español, en clase o en tu vida diaria. ¿Hay alguno que no estás acostumbrado/a a escuchar?**

5. **¿Crees que es importante conocer los tipos de audio que hay en la prueba? Escribe aquí tu comentario, en español o en tu lengua.**

.......................................................................................................................................

.......................................................................................................................................

.......................................................................................................................................

***Cuaderno de claves***, páginas 25 y 26.

## ¡Ya puedes empezar esta prueba!

## Prueba de Comprensión auditiva

Esta prueba tiene **cuatro tareas**. Usted debe responder a 25 preguntas.

La duración es de 40 minutos.

Marque las opciones elegidas en la **Hoja de respuestas**.

### Tarea 1

Escucha la pista n.° 17 hasta el final. No uses nunca el botón de pausa.

**INSTRUCCIONES**

Usted va a escuchar seis conversaciones. Escuchará cada conversación dos veces. Después, tiene que contestar a las preguntas (de la 1 a la 6). Seleccione la opción correcta (A, B o C).

Marque las opciones elegidas en la **Hoja de respuestas**.

**A continuación va a oír un ejemplo:**

**0.** ¿Para qué época del año necesita la mujer el producto?

A

B

C

La opción correcta es la C. Necesita algo para el invierno.

**0.** A ☐ B ☐ C ■

**CONVERSACIÓN 1**

**1.** ¿Qué le interesa al chico?

A

B

C

**CONVERSACIÓN 2**

**2.** ¿Qué tipo de música le propone la dependienta?

A

B

C

**CONVERSACIÓN 3**

**3.** ¿Qué le ha aconsejado el médico a la señora?

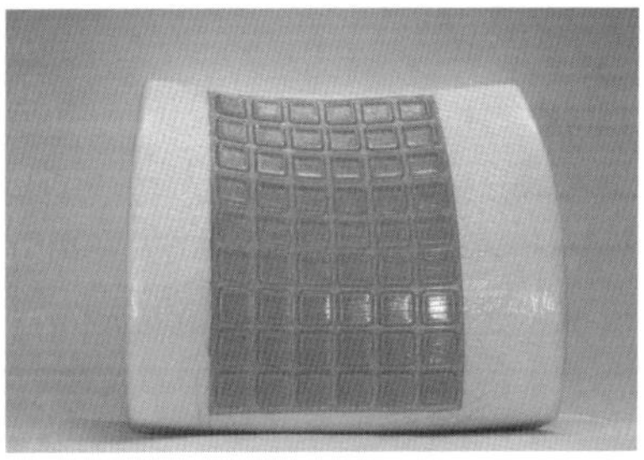

A

B

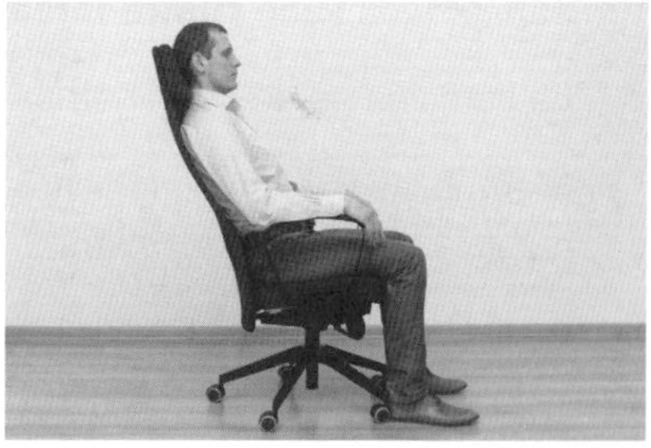

C

**CONVERSACIÓN 4**

**4.** ¿Qué le falta al chico?

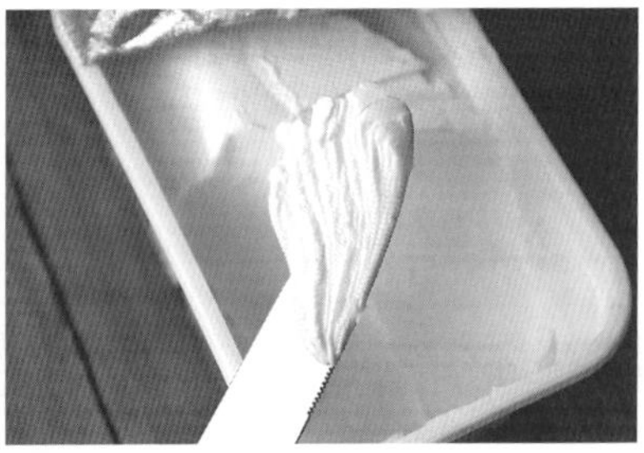

A

B

C

**CONVERSACIÓN 5**

**5.** ¿Qué actividad deportiva planean hacer los chicos?

A

B

C

**CONVERSACIÓN 6**

**6.** ¿Qué producto quiere cambiar el cliente?

A

B

C

## Tarea 2

Escucha la pista n.º 18 hasta el final. No uses nunca el botón de pausa.

**INSTRUCCIONES**

Usted va a escuchar seis anuncios o fragmentos de un programa de radio y tiene que responder a seis preguntas. Cada audición se repite dos veces. Lea las preguntas (de la 7 a la 12) y seleccione la opción correcta (A, B o C).

Marque las opciones elegidas en la **Hoja de respuestas**.

**A continuación va a oír un ejemplo:**

**0.** Este anuncio de deporte promociona...
a) dos bañadores por el precio de uno.
b) la nueva ropa de verano.
c) una nueva tienda en Barcelona.

La opción correcta es la A porque la promoción es que compras un artículo y te llevas dos.

**0.** A ■ B □ C □

**PREGUNTAS**

**AUDIO 1**

**7.** Para ir al espectáculo...
a) hay que comprar las entradas por internet.
b) no hay que pagar.
c) hay que hacer las reservas el 24 de octubre.

**AUDIO 2**

**8.** La Casa de Campo es...
a) una fiesta.
b) una organización ecologista.
c) un parque de Madrid.

**AUDIO 3**

**9.** Este negocio ofrece...
a) ir en taxi por poco dinero.
b) limpiar el coche gratis este mes.
c) productos para tener el coche muy limpio.

**AUDIO 4**

**10.** El segundo evento es...
a) delante del ayuntamiento.
b) a mediodía.
c) para las personas inscritas.

**AUDIO 5**

**11.** Los viajes en globo...
a) duran dos horas.
b) son por la tarde.
c) son hasta el 15 de septiembre.

**AUDIO 6**

**12.** El programa de cocina...
a) ahora está también en televisión.
b) es cada lunes.
c) ofrece comidas gratis.

## Tarea 3

Escucha la pista n.° 19 hasta el final. No uses nunca el botón de pausa.

**INSTRUCCIONES**

Usted va a escuchar una conversación entre dos compañeros de trabajo, Alberto y Luisa. Indique si los enunciados (del 13 al 18) se refieren a Alberto (A), a Luisa (B) o a ninguno de los dos (C). Escuchará la conversación dos veces.

Marque las opciones elegidas en la **Hoja de respuestas**.

**Ahora tiene 30 segundos para leer los enunciados.**

| | A. ALBERTO | B. LUISA | C. NINGUNO DE LOS DOS |
|---|---|---|---|
| **0.** Se sorprende de encontrar a la otra persona. | X | ☐ | ☐ |
| **13.** No quiere molestar al jefe. | ☐ | ☐ | ☐ |
| **14.** Paga las dos consumiciones. | ☐ | ☐ | ☐ |
| **15.** Trabaja en varias tiendas. | ☐ | ☐ | ☐ |
| **16.** Pregunta por la ropa de marca. | ☐ | ☐ | ☐ |
| **17.** Pregunta por el precio de la carne. | ☐ | ☐ | ☐ |
| **18.** El sábado tiene otra cita. | ☐ | ☐ | ☐ |

## Tarea 4

Escucha la pista n.° 20 hasta el final. No uses nunca el botón de pausa.

**INSTRUCCIONES**

Usted va a escuchar ocho mensajes, incluido el ejemplo. Cada mensaje se repite dos veces. Seleccione el enunciado (del A al J) que corresponde a cada mensaje (del 19 al 25).

Marque las opciones elegidas en la **Hoja de respuestas**.

**A continuación va a oír un ejemplo:**

La opción correcta es la F porque esta semana cierran por las tardes.

**0.** A ☐ B ☐ C ☐ D ☐ E ☐ F ■ G ☐ H ☐ I ☐ J ☐

**Ahora tiene 45 segundos para leer los enunciados.**

**ENUNCIADOS**

- **A.** Ya puede comprar un nuevo teléfono.
- **B.** Un informático va a la empresa.
- **C.** Necesita ayuda en casa.
- **D.** Han encontrado el móvil del informático.
- **E.** No abren en toda la semana.
- **F.** Solo van a abrir por la mañana.
- **G.** Necesita alguien nuevo en la peluquería.
- **H.** Quiere cambiar una cita.
- **I.** El coche no está bien aparcado.
- **J.** No quiere decir aún qué ha pasado.

| MENSAJES | ENUNCIADOS |
|---|---|
| **0.** Mensaje 0 | F |
| **19.** Mensaje 1 | |
| **20.** Mensaje 2 | |
| **21.** Mensaje 3 | |
| **22.** Mensaje 4 | |
| **23.** Mensaje 5 | |
| **24.** Mensaje 6 | |
| **25.** Mensaje 7 | |

***Cuaderno de claves***, páginas 26-28.

# Prueba de Expresión e interacción escritas

## Tarea previia

Recuerda que esta tarea no pertenece al examen real. Te ayuda a preparar la prueba.

**1. Aquí tienes los textos de unos candidatos que se presentan al DELE. Los textos están corregidos, no tienen errores. Marca a qué tarea corresponde cada uno. Atención, hay textos que no corresponden a ninguna tarea.**

**Texto 1**

*Hola, Rebeca:*
*Me alegra mucho tu mensaje. El grupo Maná me gusta mucho, los vi una vez en el estadio de fútbol y tengo todos sus discos. Me encantan sus textos. Por eso, te agradezco la invitación y la acepto. No tienes que comprar tú la entrada.*
*¿Dónde habéis quedado? El concierto es el viernes y ese día yo trabajo hasta las cinco. ¿Me das el teléfono de Clara? Hace tiempo que no nos vemos.*
*Saludos,*
*Pedro*

**76 palabras**

Tarea 1 ☐ Tarea 2, opción 1 ☐ Tarea 2, opción 2 ☐

**Texto 2**

*Lucía y Olga son amigas, pero hace mucho que no se ven. Se conocieron en la escuela, cuando eran muy pequeñas. Las dos iban a la misma clase y se hicieron amigas. Luego vivieron juntas en un piso cuando eran estudiantes en la universidad: Lucía estudió Periodismo y Olga, Medicina. Luego, Lucía se casó y tuvo una hija que se llama Anna. Olga terminó la carrera y se fue a trabajar a África con una ONG.*

**75 palabras**

Tarea 1 ☐ Tarea 2, opción 1 ☐ Tarea 2, opción 2 ☐

**Texto 3**

*La semana pasada estuve en el cumpleaños del jefe del departamento. Tuvo lugar en la cafetería de la empresa y fuimos todos los del departamento. Trajeron una tarta y unas botellas de cava, pero yo no bebo alcohol, solo bebí zumo de naranja. El jefe habló un poco en público, le dimos el regalo (una funda para el móvil, creo que no le gustó) y luego cada uno volvió a su mesa. A mí me gustan las fiestas con música y baile, la del jefe fue muy aburrida.*

**88 palabras**

Tarea 1 ☐ Tarea 2, opción 1 ☐ Tarea 2, opción 2 ☐

**Texto 4**

*Querida Lucía,*
*Te escribo este mensaje para invitarte a mi boda. ¡Sí, a mi boda! Seguro que no te lo esperabas. Ya sé que hace mucho que no nos vemos, ¿cuánto exactamente? ¿Cinco años? He estado todo este tiempo en África trabajando en Médicos sin Fronteras, ha sido una experiencia fantástica y al mismo tiempo muy dura, pero ya termina. La causa no es el cansancio o la dureza de lo que ves en este continente, no. Me enamoré de uno de los médicos, un polaco alto y rubio, bueno, en general los polacos son así. Este tiene los ojos marrones. En realidad es medio español. En fin, que nos vamos a casar en la Costa Brava el verano que viene y quiero invitarte. ¿Vendrás? ¡Di que sí!*
*Espero tu respuesta.*
*Muchos besos,*
*Olga*

**135 palabras**

Tarea 1 ☐ Tarea 2, opción 1 ☐ Tarea 2, opción 2 ☐

**Texto 5**

*Querida Olga:*
*Muchas gracias por la invitación. Estoy muy contenta por la noticia y también porque me has escrito después de tanto tiempo. Naturalmente que aceptamos la invitación. Dime, ¿cómo se llama tu novio? Y otra cosa muy importante, ¿dónde exactamente y cuándo va a tener lugar la boda? Yo conozco muy bien la Costa Brava y sé que hay sitios encantadores.*
*Espero tu respuesta.*
*Un fuerte abrazo,*
*Lucía*

**69 palabras**

Tarea 1 ☐ Tarea 2, opción 1 ☐ Tarea 2, opción 2 ☐

**Texto 6**

*A Malena la conozco desde hace un año. Trabajamos juntos en una revista de economía, la conocí ahí. Es una mujer muy inteligente y también vital y sociable. Le gustan las cenas con amigos y salir a bailar. Eso hicimos el fin de semana: primero fuimos a casa de mis tíos a comer, y por la tarde fuimos a una discoteca. Nos acompañó mi primo James, creo que a él le gusta Malena. Ellos se lo pasaron muy bien.*

**79 palabras**

Tarea 1 ☐ Tarea 2, opción 1 ☐ Tarea 2, opción 2 ☐

| Texto 7 | Texto 8 |
| --- | --- |
| *Malena Fernández Díaz es la directora de estrategia del departamento de recursos humanos de la empresa ASC Asociados, empresa del sector de la construcción con importantes intereses en España y en Chile, donde tiene una sucursal dedicada a la construcción de túneles para infraestructuras. Ha trabajado en esta empresa en los últimos ocho años, la ha renovado profundamente y ha desarrollado nuevas estrategias laborales que han tenido resultados muy positivos. En concreto, ha aumentado los beneficios de la empresa en un 5 % gracias a su plan de flexibilidad laboral. Por todo esto, recomendamos a Malena para un puesto superior en la estructura de la empresa.* | *El mes pasado estuve en la boda de Olga, una amiga de la infancia. Tuvo lugar en una casa de campo en la Costa Brava, en España. Había más de cincuenta personas, casi todos médicos y enfermeros, muchos de países africanos, y también polacos, porque su marido es de Varsovia. Fue una boda polaca con mucha comida. Le llevé de regalo un juguete de nuestra infancia, se emocionó mucho cuando lo vio. A mí personalmente no me gustan las bodas, aunque yo misma estoy casada.* |
| **105 palabras** | **88 palabras** |
| Tarea 1 ☐ Tarea 2, opción 1 ☐ Tarea 2, opción 2 ☐ | Tarea 1 ☐ Tarea 2, opción 1 ☐ Tarea 2, opción 2 ☐ |

| Texto 9 | Texto 10 |
| --- | --- |
| *El sábado fue el último día de trabajo de nuestro jefe. Le hicimos una pequeña fiesta de despedida. Ha trabajado en la empresa los últimos quince años, yo lo conozco desde hace cuatro. Le preparamos un regalo de despedida y Laura, la más joven, leyó un pequeño discurso para darle las gracias. El jefe casi se pone a llorar, le gustó mucho. Nos abrazó a cada uno. Normalmente las despedidas no son tan emotivas, suelen ser más formales, más frías.* | *El viernes pasado fue un día un poco estresante. A las ocho de la mañana fui a yoga, a las once al dentista y a la una fui a comer con Cristina. Dimos un paseo después por su barrio, y a las cuatro de la tarde tenía una cita en la peluquería. Después volví a casa a descansar, pero me acordé de que tenía que recoger un abrigo nuevo y volví a salir a la calle. Por la noche fui a cenar con Pablo.* |
| **81 palabras** | **88 palabras** |
| Tarea 1 ☐ Tarea 2, opción 1 ☐ Tarea 2, opción 2 ☐ | Tarea 1 ☐ Tarea 2, opción 1 ☐ Tarea 2, opción 2 ☐ |

2. **¿Cómo has identificado la tarea de cada texto? ¿Has podido identificar los textos que no son de esta prueba? ¿Te has fijado en el número de palabras, en la estructura del texto, en la intención...? Escribe aquí tu comentario, en español o en tu lengua.**

..............................................................................................................................

..............................................................................................................................

..............................................................................................................................

✓ ***Cuaderno de claves***, página 28.

## ¡Ya puedes empezar esta prueba!

# Prueba de Expresión e interacción escritas

Número de tareas: 2.

Duración: 45 minutos.

¡Pon el reloj!

## Tarea 1

**INSTRUCCIONES**

Un amigo le escribe para hacerle una pregunta.

Asunto: Una pregunta

¿Qué tal?
Te mando este mensaje porque tengo una pregunta. Quiero hablar con aquel amigo común de la facultad que se fue a Japón a vivir, ¿lo recuerdas? No sé cómo contactar con él. ¿Tienes alguna idea?
Espero tu mensaje.
Saludos,
Mikel

Conteste a su amigo. En el correo tiene que:

- saludar;
- decir el nombre de esa persona;
- explicar cuándo la vio por última vez;
- explicar cómo contactar con esa persona;
- hacerle dos preguntas y despedirse.

**Número de palabras recomendadas: entre 60 y 70.**

Anota aquí cuánto tiempo has necesitado: ......................... Pon de nuevo el reloj.

## Tarea 2

**INSTRUCCIONES**

Elija solo una de las dos opciones. En cada opción tiene que tratar todos los puntos.

**OPCIÓN 1**

Escriba un texto sobre un encuentro inesperado con una persona conocida. Hable de:

- con quién se encontró, dónde y cuándo;
- qué relación tiene con esa persona;
- qué ropa llevaba esa persona;
- qué hicieron después ustedes;
- con qué frecuencia tiene encuentros inesperados.

Anota aquí cuánto tiempo has necesitado: ......................... Pon de nuevo el reloj.

**OPCIÓN 2**

Aquí le presentamos su agenda del sábado pasado.

**15 sábado**

| | |
|---|---|
| 8:00 | Gimnasio |
| 9:00 | |
| 10:00 | |
| 11:00 | Dentista |
| 12:00 | |
| 13:00 | |
| 14:00 | Jorge: Restaurante El Alero |
| 15:00 | |
| 16:00 | Con Alberto, de compras |
| 17:00 | |
| 18:00 | |
| 19:00 | |
| 20:00 | Cena con Pablo y Carlos |
| 21:00 | |
| 22:00 | Regreso a casa |

Usted tiene que escribir una página de su diario y decir:

- qué hizo y a qué hora;
- con quién estuvo y dónde fue;
- cómo se lo pasó.

**Número de palabras recomendadas: entre 70 y 80.**

Anota aquí cuánto tiempo has necesitado: .........................

***Cuaderno de claves*****, página 29.**

# Prueba de Expresión e interacción orales

## Tarea previa

Como ya sabes, esta tarea no pertenece al examen real. Te ayuda a preparar la prueba 4.

1. **Aquí tienes frases de candidatos que han hecho la prueba 4. Las frases están corregidas, no tienen errores. Marca con una X a qué tarea corresponde cada una. Atención, algunas frases no corresponden a ninguna tarea, pero sí se dicen en la entrevista.**

Las tareas pertenecen al modelo de examen del Instituto Cervantes.

| Fragmentos de entrevistas de candidatos. Prueba 4 | Tarea 1 | Tarea 2 | Tarea 3 |
|---|---|---|---|
| 1. *Hola, me llamo Jenny y soy inglesa.* | | | |
| 2. *Bueno, voy a hablar de mi último viaje.* | | | |
| 3. *Quiero hacer el examen para obtener la nacionalidad española.* | | | |
| 4. *Prefiero hablar de tú, gracias.* | | | |
| 5. *Duró tres semanas y visitamos cinco países. ¡Fue increíble!* | | | |
| 6. *En la fotografía veo a una familia: la madre, el hijo y el abuelo.* | | | |
| 7. *Sí, tenemos que organizar una fiesta, cumplen veinte años de casados.* | | | |
| 8. *El próximo año vamos a ir a Chile. Es el sueño de mi mujer.* | | | |
| 9. *He preparado el examen con un libro que se llama* Crono A2. | | | |
| 10. *Yo creo que es mejor hacer la fiesta en el restaurante favorito de papá.* | | | |
| 11. *Se ve el cumpleaños de un niño, lleva un gorro de fiesta en la cabeza.* | | | |
| 12. *Todos parecen contentos, en especial la madre, porque sonríe.* | | | |
| 13. *No, al tío Jorge no lo vamos a invitar, siempre se pelea con mamá.* | | | |
| 14. *Viajamos sobre todo en tren, en Rusia es muy barato.* | | | |
| 15. *¿Un regalo? Uf, eso sí que es difícil decidir.* | | | |
| 16. *Parece que ya se han comido el pastel y van a abrir los regalos.* | | | |
| 17. *Vale, pues ya está todo organizado, perfecto.* | | | |
| 18. *Creo que después va a dar un paseo por el parque y más tarde irá al cine.* | | | |
| 19. *Cuando llegamos a Granada, empezó a llover y no pudimos salir del hotel.* | | | |
| 20. *Muchas gracias a ustedes. Buenas tardes.* | | | |

2. **¿Cómo has identificado la tarea de cada frase? Escribe aquí tu comentario, en español o en tu lengua.**

.......................................................................................................................

.......................................................................................................................

.......................................................................................................................

***Cuaderno de claves***, página 30.

## ¡Ya puedes empezar esta prueba!

## LA PREPARACIÓN

Es muy importante **medir el tiempo** que necesitas para preparar las tareas. Tienes **12 minutos** de preparación. Pon el reloj. Sigue las indicaciones que aparecen a continuación.

### Tarea 1. Monólogo

**UNA BODA A LA QUE HE ASISTIDO**

**INSTRUCCIONES**

Hable de una boda a la que usted ha asistido. Hable de:

- quién se casó;
- dónde tuvo lugar la boda y el banquete;
- cuánto tiempo duró todo;
- alguna anécdota;
- cuándo cree que va a ser la próxima boda.

### Tarea 2. Descripción

**UN CURSO DE IDIOMAS**

Hable de la foto durante dos o tres minutos. Usted debe hablar de:

- ¿Cómo son las personas de la foto (físico, personalidad que cree que tienen...)? ¿Qué ropa llevan?
- ¿Dónde están esas personas? ¿Qué objetos hay? Describa el lugar.
- ¿Qué están haciendo las personas de la foto?
- ¿Qué relación cree que hay entre ellas?
- ¿Qué cree que piensan o cómo cree que se sienten estas personas? ¿Por qué?
- ¿Qué cree que han hecho antes? ¿Y qué van a hacer después?

### Tarea 3. Diálogo

Usted quiere hacer un curso de español en una escuela de idiomas. Va a hablar con el recepcionista o la recepcionista de la escuela. El examinador es esa persona.

**CANDIDATO**

Durante la conversación, tiene que:

- saludar y decir qué necesita;
- preguntar los detalles del curso (libro, profesor, etc.);
- elegir el curso que le interesa;
- preguntar por el precio y la forma de pago.

Anota aquí cuánto tiempo has necesitado para preparar la entrevista: .........................

# LA ENTREVISTA

Recuerda que ***Crono A2*** te ofrece preguntas como las del examen y que la entrevista es una conversación que tiene parte de **improvisación**.

**¡Atención!** En este modelo hemos introducido un cambio: muchas veces el candidato en las tareas 1 y 2 no sabe qué decir y el entrevistador hace preguntas. En las tareas 1 y 2 vas a tener tiempo para hablar solo y luego vas a escuchar preguntas del examinador.

El examinador habla de **tú**, como en el modelo n.º 1.

## Tarea 1

Recuerda que la duración de esta tarea es de **2** a **3 minutos**.

Pon la pista n.º 21. Escucha las instrucciones y las preguntas y responde.

Graba tu exposición.

## Tarea 2

Recuerda que la duración de esta tarea es de **2** a **3 minutos**.

Pon la pista n.º 22. Escucha las instrucciones y las preguntas y responde.

Graba tu descripción.

## Tarea 3

Recuerda que la duración de esta tarea es de **3** a **4 minutos**.

Pon la pista n.º 23. Escucha las instrucciones y las preguntas y responde.

Graba tus respuestas.

***Cuaderno de claves***, página 30.

# ABC Vocabulario

## Prueba 1: Comprensión de lectura

Vuelve a los textos de las tareas, lee la frase donde está cada palabra y anota aquí su significado en tu lengua. Recuerda que aquí el vocabulario está en orden alfabético.

| | En español | En tu lengua | En español | En tu lengua |
|---|---|---|---|---|
| Tarea 1 | agencia de viajes | ........................... | estar ocupado/a | ........................... |
| | anticuado/a | ........................... | mochila | ........................... |
| | aunque | ........................... | organizar | ........................... |
| | contar (una historia) | ........................... | salir más caro | ........................... |
| | días libres | ........................... | suegro/a | ........................... |
| Tarea 2 | abonar (pagar) | ........................... | interrumpir | ........................... |
| | acercar | ........................... | juego | ........................... |
| | actuar | ........................... | licenciarse | ........................... |
| | aparecer | ........................... | nevera | ........................... |
| | ascensor (el) | ........................... | objetivo | ........................... |
| | barrio | ........................... | pantalla | ........................... |
| | cambiar | ........................... | pasar por | ........................... |
| | colaboración (la) | ........................... | perder peso | ........................... |
| | corte de agua (el) | ........................... | precios competitivos | ........................... |
| | desperfecto | ........................... | realizado/a por | ........................... |
| | distribución (la) | ........................... | regulación (la) | ........................... |
| | en directo | ........................... | robo/robar | ........................... |
| | escalera | ........................... | seguir las normas | ........................... |
| | estancia | ........................... | silencioso/a | ........................... |
| | frágil | ........................... | traductor/traductora | ........................... |
| | hacer realidad los sueños | ........................... | valor (el) | ........................... |
| | indicar | ........................... | vehículo | ........................... |
| Tarea 3 | adaptarse a | ........................... | lograr | ........................... |
| | animar | ........................... | mediante | ........................... |
| | cada vez que | ........................... | recomendable | ........................... |
| | dedicado/a a | ........................... | ser experto/a en | ........................... |
| | dedicar | ........................... | tener experiencia | ........................... |
| | entretenido/a | ........................... | tomar clases | ........................... |
| | faltar | ........................... | variado/a | ........................... |
| Tarea 4 | agricultor (el) | ........................... | estrecho | ........................... |
| | comercio | ........................... | fundar | ........................... |
| | cruzar | ........................... | habitante | ........................... |
| | desarrollar | ........................... | influir mucho en | ........................... |
| | encargar | ........................... | navegar | ........................... |
| | enviar | ........................... | pescador (el) | ........................... |

# Prueba 2: Comprensión auditiva

Vuelve a escuchar las audiciones de este modelo de examen, pulsa el botón de pausa y escribe el significado de cada palabra en tu lengua. Recuerda que aquí el vocabulario está en orden alfabético.

## Tarea 1 (17)

| En español | En tu lengua | En español | En tu lengua |
|---|---|---|---|
| aconsejar | ....................... | No te pega... (ropa) | ....................... |
| alpinismo | ....................... | pantalones (los) | ....................... |
| camisa | ....................... | pasarlo bien | ....................... |
| chaqueta | ....................... | pasillo | ....................... |
| cojín (el) | ....................... | pastelería | ....................... |
| error (el) | ....................... | probarse (ropa) | ....................... |
| escaparate (el) | ....................... | quedar bien (ropa) | ....................... |
| espalda | ....................... | queso | ....................... |
| estilo | ....................... | recibir | ....................... |
| fecha de caducidad | ....................... | regalar | ....................... |
| intérprete | ....................... | ruta | ....................... |
| junto/a | ....................... | talla (de ropa) | ....................... |
| mantequilla | ....................... | yogur (el) | ....................... |

## Tarea 2 (18)

| En español | En tu lengua | En español | En tu lengua |
|---|---|---|---|
| acabar de + infinitivo | ....................... | invitar a | ....................... |
| agradable | ....................... | jardinería | ....................... |
| árbol (el) | ....................... | limpiar | ....................... |
| celebrar | ....................... | mantener | ....................... |
| cementerio | ....................... | No hay plazas... | ....................... |
| compartir | ....................... | paisaje (el) | ....................... |
| completar un formulario | ....................... | promoción (la) | ....................... |
| comprar | ....................... | proteger | ....................... |
| confiar en | ....................... | recibir | ....................... |
| cuidar | ....................... | representar una obra de teatro | ....................... |
| darse prisa | ....................... | reservar invitaciones | ....................... |
| gratuito/a | ....................... | viaje en globo | ....................... |

## Tarea 3 (19)

| En español | En tu lengua | En español | En tu lengua |
|---|---|---|---|
| A ver si quedamos... | ....................... | ropa de marca | ....................... |
| blusa | ....................... | tienda de decoración | ....................... |
| peluquería | ....................... | tomar una copa | ....................... |
| publicidad (la) | ....................... | zapatería | ....................... |

## Tarea 4 (20)

| En español | En tu lengua | En español | En tu lengua |
|---|---|---|---|
| aparcar un coche | ....................... | pasar a recoger algo | ....................... |
| atender | ....................... | pasar por | ....................... |
| cambiar la cita | ....................... | propietario/a | ....................... |
| empleado/a | ....................... | recordar | ....................... |
| estar enfermo/a | ....................... | revisar | ....................... |
| matrícula (coche) | ....................... | Rogamos disculpen las molestias. | ....................... |
| modelo (producto) | ....................... | taller mecánico (el) | ....................... |
| necesitar | ....................... | usar | ....................... |
| pasar (suceder) | ....................... | | |

# Modelo de examen n.° 4



En este modelo de examen se trabajan las tareas de las cuatro pruebas de examen: las instrucciones, las preguntas, las opciones, los enunciados, las pautas, etc. Conocer bien qué tienes que hacer en el examen te ayuda a saber cómo hacerlo mejor. Eso aumenta tu sensación de control y garantiza el objetivo de esta preparación: conseguir el APTO.

En algunas tareas de este modelo de examen los textos y los audios pueden tener temas en común. No es normal en el examen real. El objetivo es centrarse en algunos aspectos del vocabulario. Además, las tablas de control de las claves de las pruebas 3 y 4, que tienes en el *Cuaderno de claves*; son especialmente importantes para aprender a autoevaluarse.

# Prueba de Comprensión de lectura

## Tarea previia

Esta tarea no pertenece al examen real. Te ayuda a preparar la prueba 1.

1. **Aquí tienes fragmentos de preguntas de esta prueba. Anota a qué tarea corresponden.**

| | |
|---|---|
| **Fragmento 1.*** Tarea n.º ....<br>Marta escribe a Carmen para...<br>c) quedar para hablar un rato. | **Fragmento 2.** Tarea n.º ....<br>Según el texto, la familia emigró a Estados Unidos...<br>a) para estudiar mejor el producto. |
| **Fragmento 3.** Tarea n.º ....<br>Aki escribe el mensaje...<br>a) para recordar un viaje a Japón. | **Fragmento 4.** Tarea n.º ....<br>¿Quién dice que el guía era muy paciente? |
| **Fragmento 5.** Tarea n.º ....<br>Para hacer los cursos del anuncio es necesario...<br>a) tener más de 7 años. | **Fragmento 6.*** Tarea n.º ....<br>En el texto se dice que Manuel...<br>c) antes escribía sobre fútbol. |
| **Fragmento 7.*** Tarea n.º ....<br>En el anuncio se dice que...<br>b) prefieren compartir con un estudiante. | **Fragmento 8.** Tarea n.º ....<br>En este anuncio se ofrece...<br>b) consejos sobre deportes de riesgo. |
| **Fragmento 9.** Tarea n.º ....<br>Raquel empezó a trabajar en la Copa Davis...<br>a) porque no ganaba bastante dinero. | **Fragmento 10.** Tarea n.º ....<br>¿Quién habla de un cambio en el programa del viaje? |
| **Fragmento 11.** Tarea n.º ....<br>Maite le pregunta a Alberto...<br>a) por la cena de Navidad. | **Fragmento 12.*** Tarea n.º ....<br>Según el texto, ahora Paula...<br>a) gana más dinero que antes. |
| **Fragmento 13.*** Tarea n.º ....<br>Marta quiere ir a Huelva porque...<br>c) su tía la ha invitado a su casa. | **Fragmento 14.** Tarea n.º ....<br>En el texto, Elisenda recuerda un viaje que hizo...<br>a) con Pedro. |
| **Fragmento 15.** Tarea n.º ....<br>Según el anuncio, Laura necesita ayuda para...<br>c) prepararse un examen. | **Fragmento 16.** Tarea n.º ....<br>La isla de Chiloé ha tenido habitantes...<br>a) desde hace menos de diez mil años. |
| **Fragmento 17.** Tarea n.º ....<br>¿Quién fue a ese país para aprender el idioma? | **Fragmento 18.** Tarea n.º ....<br>¿Quién encontró alojamiento gracias a un amigo? |
| **Fragmento 19.** Tarea n.º ....<br>Según el texto, Manuel empezó el blog porque...<br>b) antes trabajaba escribiendo en internet. | **Fragmento 20.** Tarea n.º ....<br>En este centro...<br>a) se dan clases de lengua. |

***Fuente: Instituto Cervantes**

2. **¿En cuáles de los fragmentos anteriores puedes añadir las siguientes opciones de respuesta? Escribe el número del fragmento correspondiente.**

| | | |
|---|---|---|
| **Opción 1.** Fragmento: .... b) aunque no tenía mucho interés. | **Opción 2.** Fragmento: .... b) donde tuvieron siempre éxito. | **Opción 3.*** Fragmento: .... b) decirle que está de vacaciones. |
| **Opción 4.** Fragmento: .... b) saber dibujar cómics. | **Opción 5.** Fragmento: .... c) porque está buscando alojamiento. | **Opción 6.*** Fragmento: .... a) tiene otro blog con un amigo. |
| **Opción 7.** Fragmento: .... ¿Quién creó una empresa en el país donde vive? | **Opción 8.** Fragmento: .... a) material deportivo. | **Opción 9.*** Fragmento: .... b) su hermana se va a casar. |
| **Opción 10.*** Fragmento: .... b) trabaja en otra empresa. | **Opción 11.** Fragmento: .... ¿Quién está contento con los medios de transporte? | **Opción 12.** Fragmento: .... b) necesitan trabajadores. |

***Fuente: Instituto Cervantes**

3. **¡Inténtalo tú! Elige tres textos de los modelos de examen anteriores y escribe tres preguntas de examen.**

Los candidatos no tienen que escribir preguntas, claro. Este ejercicio tiene como objetivo conocer mejor el examen porque te pones en el lugar de un redactor de exámenes. ¡Es el mayor control posible!

| Tarea n.º.... | Tarea n.º.... |
|---|---|
| Pregunta: ...............<br>a) ...............<br>b) ...............<br>c) ............... | Pregunta: ...............<br>a) ...............<br>b) ...............<br>c) ............... |

| Tarea n.º 3 |
|---|
| ¿Quién ............................................................... ? |

4. **¿En qué orden es mejor hacer las tareas de esta prueba del examen? ¿Es mejor leer primero los textos y luego las preguntas, o empezar por las preguntas y leer luego los textos? ¿Cómo influye eso en la manera de leer y en el resultado del examen? Escribe aquí tu comentario, en español o en tu lengua.**

..............................................................................................................

..............................................................................................................

..............................................................................................................

***Cuaderno de claves*, página 31.**

# ¡Ya puedes empezar esta prueba!

# Prueba de Comprensión de lectura

Esta prueba tiene **cuatro tareas**. Usted debe responder a 25 preguntas.

La duración es de 60 minutos.

Marque las opciones elegidas en la **Hoja de respuestas**.

Pon el reloj al principio de cada tarea.

## Tarea 1

**INSTRUCCIONES**

Usted va a leer el correo electrónico que Estrella envía a su hermano Juan. A continuación, conteste a las preguntas (de la 1 a la 5). Seleccione la opción correcta (A, B o C).

Marque las opciones elegidas en la **Hoja de respuestas**.

Para: juan.alva@gmail.com De: estrellalva@punto.net Asunto: Cosas de la boda

Hola, Juan:

¿Qué tal te va? Hace unos días que quería llamarte por teléfono para hablar contigo, pero en la oficina había mucho que hacer y siempre llegaba muy cansada a casa. Al final he decidido enviarte este mensaje.

Bueno, espero que estés bien. ¿Qué tal Alejandra? ¿Ya ha vuelto de su viaje de negocios? Imagino que sí, si no recuerdo mal, se iba por cinco días, ¿no? París es una ciudad maravillosa, qué pena que no has ido tú también. Nosotros estuvimos en febrero y lo pasamos muy bien.

Quería confirmarte que la boda es el 25 y no el 22, como te dije al principio. El cambio es por la madre de Alberto, no quería ir si va el padre, pero Alberto la ha convencido y va a ir, aunque llega el mismo 25. Parece que el padre va a ir solo a la iglesia y no se va a quedar al banquete, y la madre va a ir al banquete, pero no a la iglesia. Ya ves cuánto se quieren esos dos. Al día siguiente, el padre tiene una reunión en una empresa muy importante y viaja el 25 por la tarde.

El restaurante ya está organizado, pero no tenemos fotógrafo. Alberto dice que un amigo tuyo hace muy buenas fotos, aunque no es profesional. No nos importa, no queremos la típica sesión de fotos en un parque. ¿Puedes llamarle y preguntarle si puede hacernos las fotos? Nosotros pagamos el material y lo que nos pida. ¡No te olvides de decirle qué día es!

Te adjunto con este correo la invitación definitiva con todos los datos. Si tienes alguna pregunta, escríbeme o mejor llámame.

Un beso. Tu hermana,

Estrella

**PREGUNTAS**

**1. Estrella escribe a Juan porque quiere...**
a) invitarle a su boda.
b) decirle cuándo se casa.
c) hablar de los padres de Alberto.

**2. Los días anteriores Estrella...**
a) ha tenido mucho trabajo.
b) ha estado de viaje.
c) no ha vuelto a casa.

**3. Alejandra ha estado en París...**
a) con Juan.
b) de vacaciones.
c) casi una semana.

**4. El día 25 el padre de Alberto...**
a) tiene trabajo.
b) no va a quedarse todo el tiempo.
c) se encuentra con su madre.

**5. Juan tiene un amigo que...**
a) es fotógrafo profesional.
b) aún no ha recibido la invitación.
c) puede ayudar a Estrella y a Alberto.

Anota aquí cuánto tiempo has necesitado: ......................... Pon de nuevo el reloj.

## Tarea 2

**INSTRUCCIONES**

Lea los ocho anuncios. A continuación, responda a las preguntas (de la 6 a la 13). Seleccione la opción correcta (A, B o C).

Marque las opciones elegidas en la **Hoja de respuestas**.

**Ejemplo:**

**TEXTO 0**

**Se dan clases particulares de inglés**

Chica da clases particulares de inglés a domicilio. Experiencia en clases particulares, título de la Escuela Oficial de Idiomas y estancias en el extranjero.
Disponibilidad horaria total.

**Anunciante:** Anetta **Teléfono: 636917720**

**0.** Esta chica da clases de inglés...

a) en casa de los alumnos.

b) en una escuela de idiomas.

c) a extranjeros.

La opción correcta es la A porque Anetta da clases a domicilio, es decir, en la casa de los alumnos.

**0.** A ■ B ☐ C ☐

**TEXTO 1**

**Grupo teatral**

**PKARÁ**

**¿Quieres disfrutar aprendiendo teatro?**

**¡Cursos de interpretación!**

Una vez/semana, de 19:15 a 22:15.
Ven y prueba una clase sin compromiso.
www.pkara-teatro.com

¡No hay que pagar matrícula!

Anunciante: Pkará teatro.
Contactar con el anunciante por *e-mail*.

**6.** Este anuncio ofrece cursos...

a) gratis.

b) que terminan bastante tarde.

c) diarios.

**TEXTO 2**

**Buscamos participantes para un nuevo concurso de televisión.**

¿Estás bien informado? ¿Puedes contestar correctamente un test de actualidad? ¿Quieres ganar un estupendo premio? ¡Entonces participa en el nuevo concurso de la 20tv! Para apuntarte, llama al 93 535 20 20 y pregunta por el concurso de la 20tv. De lunes a jueves, de 10:00 a 19:00 y viernes, de 10:00 a 15:00.

**Anunciante: concurso 20tv** **Teléfono: 93 535 20 20**

**7.** La cadena 20tv...

a) tiene un nuevo programa de deportes.

b) va a participar en un concurso.

c) no atiende los fines de semana.

**TEXTO 3**

**Tertulia café inglés-español, todos los viernes**

El próximo viernes 12 de noviembre estáis todos invitados al bar Palique para hablar en inglés y en español. Empezamos a las 16:30. Por si aún no lo sabéis, estamos en calle Colomer núm. 4, justo detrás de la plaza de toros de Las Ventas. ¡¡Animaos!! Confirmad asistencia, por favor. Un saludo a tod@s.

**8.** El bar Palique organiza...

a) encuentros entre españoles e inglesas.

b) reuniones para practicar idiomas.

c) una venta junto a la plaza de toros.

**TEXTO 4**

**Nuevo foro de amistad:**

Somos un grupo de jóvenes de Valencia (25-35 años) que busca a personas que quieran divertirse, tener nuevas experiencias y conocer a gente nueva. ¿Qué intereses tenemos?
Deportes, conciertos, viajes, cenas, cine, playa y... todo aquello que tú nos quieras proponer.

**Regístrate gratis en: http://lista.foros.net/forovlc.ht**
**Anunciante: FOROVLC**
**Contactar con el anunciante por *e-mail*.**

**9.** En este anuncio ofrecen...

a) contactos con personas.

b) actividades de tiempo libre.

c) foros para gente joven.

**TEXTO 5**

**LA CAIXA FIGO**
**EN EL INSTITUTO Y LA UNIVERSIDAD**

La Caixa Figo presenta el primer concurso *Captura ese bit*, para chicos/as de entre 14 y 26 años. El tema es las nuevas tecnologías. Los concursantes podrán enviar, hasta el próximo 31 de mayo, cinco fotografías en formato JPG, de entre 1 Mb y 3 Mb y con un tamaño mínimo de 21x29 cm. El primer premio es una cámara de fotos Olympus E-420. Más información sobre el concurso en http://juventud.caixafigo.es/

**10.** La Caixa Figo organiza...

a) cinco clases de fotografía.
b) un congreso sobre nuevas tecnologías.
c) un concurso para gente joven.

**TEXTO 6**

***Se dan clases de guitarra:***

Española, acústica, eléctrica. Para principiante o avanzado (clásica, moderna, *blues*, *rock*, escalas, arreglos, etc.). Un año en academia, formación autodidacta, músico semiprofesional, 17 años de experiencia. Zona centro (parque de Rosalía), individual o en grupos (recomendado). 50 €/mes, una hora a la semana.

**Anunciante: Carlos Teléfono: 636917720**

**11.** Las clases que ofrece este anuncio son...

a) solo en grupo.
b) semanales.
c) solo para profesionales.

**TEXTO 7**

- La empresa no se responsabiliza de los objetos perdidos.
- La empresa se reserva el derecho de admisión.
- Está prohibida la entrada con compras de otros establecimientos.
- Prohibido subir la escalera con carros de la compra.

**12.** Esta empresa puede...

a) buscar objetos perdidos.
b) subir carros por la escalera.
c) prohibir entrar a algunos clientes.

**TEXTO 8**

**BUSCANDO GENTE**

Hoy buscamos a: **Néstor García Gamboa**

Natural de Camaná.

Edad: 74 años aproximadamente.

Desde EE. UU. lo busca su nieta Karla Carazas, quiere localizarlo a él o a familares directos.

Abuelo, mi padre sueña con conocerte.

**222-333000-8800090**
**www.elbuscapersonas.com**

**13.** Este anuncio es para encontrar a...

a) un anciano de Camaná.
b) familiares de Karla Carazas.
c) la nieta de Néstor García.

Anota aquí cuánto tiempo has necesitado: .......................... Pon de nuevo el reloj.

## Tarea 3

**INSTRUCCIONES**

Usted va a leer tres mensajes de personas que han ido a vivir a Chile. Relacione las preguntas (de la 14 a la 19) con los textos (A, B o C).

Marque las opciones elegidas en la **Hoja de respuestas**.

**PREGUNTAS**

| | A. ELIZABETH | B. YOSELIN | C. MAYA Y MAJD |
|---|---|---|---|
| **14.** ¿Quién lleva un año en el país? | ☐ | ☐ | ☐ |
| **15.** ¿Quién ha empezado una carrera gracias a la ayuda de sus profesores? | ☐ | ☐ | ☐ |
| **16.** ¿Quién recibe ayuda del Estado chileno? | ☐ | ☐ | ☐ |
| **17.** ¿Quién dice que echa de menos su país? | ☐ | ☐ | ☐ |
| **18.** ¿Quién llegó al país después de pasar por otros lugares? | ☐ | ☐ | ☐ |
| **19.** ¿A quién le ayudó su propia capacidad personal? | ☐ | ☐ | ☐ |

**TEXTOS**

**A. ELIZABETH**

"Lo que más me gusta de Chile son las bellas playas que tiene y las empanadas". Llegó hace un año de Puebla, México. Tiene 17 años y actualmente vive en Quillota, donde cursa tercero medio (secundaria). Aunque extraña México y a su familia, se ha podido adaptar bien al país y a la escuela. "De alguna forma tenía miedo", añade. Lo que más le costó fue el español chileno, pues aunque habla la misma lengua, le frustraba no poder entender lo que decían. Por su parte, el padre de Elizabeth cree que su hija está aprendiendo desde sus intereses y en un espacio seguro que le ha permitido crecer poco a poco.

**B. YOSELIN**

Vive desde hace cinco años en Antofagasta con su familia. Ahora estudia Obstetricia y Puericultura en esa ciudad. "Lo que más me gusta es la gente maravillosa que conocí. Estoy superfeliz de estar acá", dice. Aunque llegar a Chile no fue fácil, los padres de esta joven boliviana han hecho todo lo posible por su desarrollo profesional. La madre de Yoselin no tuvo esta oportunidad y por eso ha luchado mucho para apoyar a su hija. Aunque acceder a la educación superior no fue nada fácil, esta joven logró hacerlo con el apoyo no solo de su familia, sino también de sus profesores, quienes, según cuenta, desde el principio creyeron completamente en ella y en su talento.

**C. MAYA Y MAJD**

La familia de estos mellizos huyó de Siria por la guerra. Han estado en diversas partes del mundo, pero ahora, finalmente, viven tranquilos en Quilicura, Chile. Y aunque no ha sido fácil dejar su tierra por el conflicto bélico, han encontrado en este país posibilidades de desarrollo. Maya y Majd han podido aprender español y avanzar en la escuela gracias al apoyo de sus profesores. Además, hoy tienen la posibilidad de acceder a beneficios como "Me conecto para aprender", un programa estatal que busca entregar una computadora portátil a cada estudiante de 7.º básico en todos los establecimientos públicos del país.

Adaptado de https://eligeeducar.cl

Anota aquí cuánto tiempo has necesitado: ............................ Pon de nuevo el reloj.

## Tarea 4

**INSTRUCCIONES**

Usted va a leer un texto sobre una página web de viajes. A continuación, conteste a las preguntas (de la 20 a la 25). Seleccione la opción correcta (A, B o C).

Marque las opciones elegidas en la **Hoja de respuestas**.

### "Ofrecemos una forma de viajar diferente en la que el respeto mutuo es la clave". Estíbaliz Martínez, directora y fundadora de Intercambiodecasa.es

Navegar por la web Intercambiodecasa.es es como viajar por la vida de Estíbaliz Martínez. Es una web joven en la que residentes en países de los cinco continentes se muestran a través de sus apartamentos, pisos, chalés y casas con jardín.

Estíbaliz, natural de Álava, España, se licenció en Dirección y Administración de Empresas en Deusto, Bilbao, y completó luego sus estudios universitarios con un máster de Comercio Exterior en Alemania. Por eso habla alemán, además de inglés y francés, idiomas que perfeccionó en los siete años que viajó por todo el mundo como azafata de vuelo. Durante los últimos cuatro años ha vivido en Nueva York y es allí, precisamente, donde comenzó el proyecto de intercambio de casas. En estos momentos piensa ir a Madrid, aunque en pocos meses tendrá que añadir a su trabajo en la web una nueva experiencia que no le han dado ni los viajes ni los negocios: la maternidad.

Intercambiodecasa.es funciona desde hace tres años, pero la idea venía de mucho antes. Durante los estudios y los años en los que trabajó como azafata de vuelo, hizo numerosos contactos, personas que estaban interesadas en probar esta forma de viajar. A la mayoría le pareció un concepto novedoso e interesante y, sin dudarlo, Estíbaliz puso en marcha el proyecto, aprovechando el éxito de la película americana *The Holiday*.

Ha creado un portal dedicado exclusivamente al intercambio de casas. Los interesados registran su casa y, desde ese momento, pueden ofrecerla y ponerse en contacto con cualquier otro miembro de la comunidad. Si les interesa lo que la otra persona les propone, se hace un contrato de intercambio. La web ofrece básicamente un sistema para ponerse en contacto, para que el proceso sea más rápido y haya más confianza, el resto depende de ellos.

El intercambio está creciendo y se habla de ello como una alternativa barata. Para Estíbaliz, sin embargo, es sobre todo una cuestión de confianza: "Ofrecemos una forma de viajar diferente en la que el respeto mutuo es la clave de todo".

EE. UU. es el país con mayor cantidad de miembros. Los americanos escogen España antes que Francia, Italia o Inglaterra. Los españoles prefieren intercambiar sus casas con residentes en grandes capitales: Londres, París, Berlín, Roma, Nueva York, Los Ángeles, Sidney...

Adaptado de www.consumer.es.

**PREGUNTAS**

**20. En el texto se habla de...**
a) una nueva agencia de viajes.
b) una antigua asistente de vuelo.
c) un novedoso tipo de alojamiento.

**21. El objetivo de la página web es...**
a) alquilar apartamentos más baratos.
b) intercambiar ideas para viajar.
c) poner en contacto a gente que quiere viajar.

**22. El proyecto de Estíbaliz empezó cuando...**
a) vivía en Estados Unidos.
b) vio una película americana.
c) estudiaba en Alemania.

**23. Los usuarios más numerosos son...**
a) españoles.
b) norteamericanos.
c) habitantes de grandes ciudades.

**24. Para comunicarse con otros miembros...**
a) hay que hacerse socio.
b) se debe proponer algo interesante.
c) se tiene que firmar un contrato.

**25. Para Estíbaliz, lo importante es...**
a) la novedad de esta forma de viajar.
b) el respeto entre los usuarios.
c) el precio frente a los viajes tradicionales.

Anota aquí cuánto tiempo has necesitado: ...........................

***Cuaderno de claves***, páginas 31-33.

# Prueba de Comprensión auditiva

## Tarea previia

Esta tarea no pertenece al examen real. Te ayuda a preparar la prueba 2.

**1. Aquí tienes fragmentos de preguntas y opciones de esta prueba. Anota a qué tarea corresponden.**

| | |
|---|---|
| **Fragmento 1.*** Tarea n.° ....<br>¿Qué tiene ya el hombre?<br><br>A | **Fragmento 2.** Tarea n.° ....<br>¿Qué compra el hombre?<br>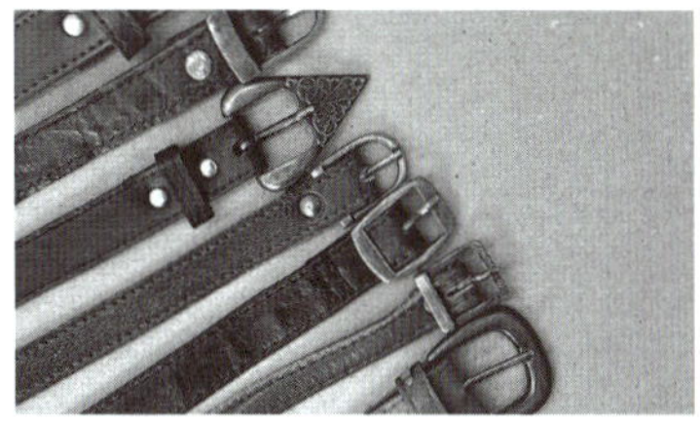<br>A |
| **Fragmento 3.** Tarea n.° ....<br>Este anuncio es de...<br>a) una tienda de ropa para profesionales. | **Fragmento 4.** Tarea n.° ....<br>No va a ver la película. |
| **Fragmento 5.** Tarea n.° ....<br>(Eduardo) Necesita una vivienda nueva. | **Fragmento 6.*** Tarea n.° ....<br>(Ninguno de los dos) Tiene un examen pronto. |
| **Fragmento 7.*** Tarea n.° ....<br>La Oficina de Turismo...<br>a) está abierta desde hace un año. | **Fragmento 8.** Tarea n.° ....<br>Pedro Fuentes anuncia...<br>a) un libro de varios periodistas. |
| **Fragmento 9.** Tarea n.° ....<br>(Rosa) Tuvo un novio en la zona. | **Fragmento 10.** Tarea n.° ....<br>El polideportivo informa de que...<br>b) la piscina va a cerrar unos días. |
| **Fragmento 11.** Tarea n.° ....<br>¿Qué petición especial tiene la clienta del hotel?<br><br>A | **Fragmento 12.*** Tarea n.° ....<br>¿Qué compra la mujer?<br><br>B |
| **Fragmento 13.** Tarea n.° ....<br>Pueden usar otro transporte sin pagar. | **Fragmento 14.** Tarea n.° ....<br>(Un vecino) Insiste en la invitación. |
| **Fragmento 15.** Tarea n.° ....<br>Es necesario hablar una lengua extranjera. | **Fragmento 16.*** Tarea n.° ....<br>El tren va a estar parado treinta minutos. |
| **Fragmento 17.*** Tarea n.° ....<br>En el programa *Vida cotidiana* van a hablar de...<br>b) los mejores barrios para vivir en Madrid. | **Fragmento 18.** Tarea n.° ....<br>Multicentro anuncia...<br>a) un concierto de Rollins. |

***Fuente: Instituto Cervantes**

2. ¿En qué fragmentos de la actividad anterior puedes añadir las siguientes opciones?

| | | |
|---|---|---|
| **Opción 1.** Fragmento: .... c) los entrenamientos de baloncesto son en otro sitio. | **Opción 2.*** Fragmento: .... Los coches tienen que ir por otro camino. | **Opción 3.*** Fragmento: .... b) ya tiene oficinas en España. |
| **Opción 4.** Fragmento: .... b) una escuela profesional. | **Opción 5.** Fragmento: ....  B | **Opción 6.*** Fragmento: ....  B |
| **Opción 7.*** Fragmento: .... c) dónde encontrar pisos para compartir. | **Opción 8.** Fragmento: .... (Sabina) Le sugiere seguir buscando. | **Opción 9.** Fragmento: .... Está buscando a sus padres. |
| **Opción 10.*** Fragmento: .... Le encanta la paella. | **Opción 11.** Fragmento: .... b) una novela sobre la Copa del Mundo. | **Opción 12.** Fragmento: .... c) un disco de Rollins. |

***Fuente: Instituto Cervantes**

3. **En las tareas 3 y 4 de esta prueba tienes tiempo para leer las preguntas. En las tareas 1 y 2, en cambio, no lo tienes. ¿Es importante leer las preguntas antes de escuchar los audios? ¿Cómo influye eso en la manera de escuchar? ¿Qué puedes hacer con las preguntas que aparecen escritas en el cuadernillo de examen antes de escuchar? ¿Y durante la audición? Escribe aquí tu comentario, en español o en tu lengua.**

.................................................................................................................................

.................................................................................................................................

.................................................................................................................................

4. **¡Inténtalo tú! Elige tres audios y escribe tres preguntas de examen. En la tarea 1, describe las fotos. Como sabes, este ejercicio no es una tarea del examen, tiene como objetivo conocerlo mejor.**

| Tarea n.º 1 | Tarea n.º 2 |
|---|---|
| Pregunta: ............................ | Pregunta: ............................ |
| a) ............................ | a) ............................ |
| b) ............................ | b) ............................ |
| c) ............................ | c) ............................ |

| Tarea n.º 4 |
|---|
| Mensaje: ............................................................ |
| ............................................................ |
| Enunciado ............................................................ |
| ............................................................ |

*Cuaderno de claves*, página 33.

# ¡Ya puedes empezar esta prueba!

# Prueba de Comprensión auditiva

Esta prueba tiene **cuatro tareas**. Usted debe responder a 25 preguntas.

La duración es de 40 minutos.

Marque las opciones elegidas en la **Hoja de respuestas**.

## Tarea 1

Escucha la pista n.º 24 hasta el final. No uses nunca el botón de pausa.

**INSTRUCCIONES**

Usted va a escuchar seis conversaciones. Escuchará cada conversación dos veces. Después, tiene que contestar a las preguntas (de la 1 a la 6). Seleccione la opción correcta (A, B o C).

Marque las opciones elegidas en la **Hoja de respuestas**.

**A continuación va a oír un ejemplo:**

**0.** ¿Qué quiere hacer la clienta?

A

B

C

La opción correcta es la C. La clienta quiere pagar, por eso ha pedido la cuenta.

**0.** A☐ B☐ C■

### CONVERSACIÓN 1

**1.** ¿Qué restaurante elige la pareja de amigos?

A

B

C

### CONVERSACIÓN 2

**2.** ¿Qué ofrece el camarero para el problema de la señora?

A

B

C

**CONVERSACIÓN 3**

**3.** ¿Dónde se sientan?

A

B

C

**CONVERSACIÓN 4**

**4.** ¿Qué plato pide el cliente del restaurante?

A

B

C

**CONVERSACIÓN 5**

**5.** ¿Qué ha comido Cristina?

A

B

C

**CONVERSACIÓN 6**

**6.** ¿Qué va a tomar la chica?

A

B

C

## Tarea 2

Escucha la pista n.º 25 hasta el final. No uses nunca el botón de pausa.

**INSTRUCCIONES**

Usted va a escuchar seis anuncios o fragmentos de un programa de radio y tiene que responder a seis preguntas. Cada audición se repite dos veces. Lea las preguntas (de la 7 a la 12) y seleccione la opción correcta (A, B o C).

Marque las opciones elegidas en la **Hoja de respuestas**.

**A continuación va a oír un ejemplo:**

**0.** La tienda ofrece...
- a) el último disco de una artista.
- b) una nueva película sobre Buenos Aires.
- c) un DVD con el título *Alegría*.

La opción correcta es la A porque Carmen es cantante y tiene un nuevo disco.

**0.** A ■ B ☐ C ☐

**PREGUNTAS**

**AUDIO 1**

**7.** El Cangurito Pedrito...
- a) tiene servicio 24 horas.
- b) no acepta el pago con tarjeta.
- c) solo acepta mujeres en la empresa.

**AUDIO 2**

**8.** El próximo número de *Bajo Cero*...
- a) incluye un DVD gratuito.
- b) se vende desde el día 15.
- c) es más caro.

**AUDIO 3**

**9.** Te interesa visitar la web del anuncio si...
- a) vives en la ciudad desde hace tiempo.
- b) tienes más de 18 años.
- c) tienes muchos amigos.

**AUDIO 4**

**10.** Las entradas para el concierto de Los Etílicos...
- a) se pueden comprar el día 24.
- b) son gratis.
- c) se venden solo por internet.

**AUDIO 5**

**11.** Este año, en la Feria del Libro...
- a) hay teatro.
- b) es posible estar hasta medianoche.
- c) un autor firma ejemplares de sus libros.

**AUDIO 6**

**12.** Los cursos que ofrece la agencia...
- a) son para estudiantes.
- b) incluyen el alojamiento.
- c) no incluyen la comida.

## Tarea 3

Escucha la pista n.º 26 hasta el final. No uses nunca el botón de pausa.

**INSTRUCCIONES**

Usted va a escuchar una conversación entre dos amigos, Carlos y Sara. Indique si los enunciados (del 13 al 18) se refieren a Carlos (A), a Sara (B) o a ninguno de los dos (C). Escuchará la conversación dos veces.

Marque las opciones elegidas en la **Hoja de respuestas**.

**Ahora tiene 30 segundos para leer los enunciados.**

| | A. CARLOS | B. SARA | C. NINGUNO DE LOS DOS |
|---|---|---|---|
| **0.** Le sorprende dónde se encuentran. | ☒ | ☐ | ☐ |
| **13.** No quiere gastar dinero en transporte. | ☐ | ☐ | ☐ |
| **14.** Su amigo ha cambiado de casa. | ☐ | ☐ | ☐ |
| **15.** Quiere ir a Canarias con Fernando. | ☐ | ☐ | ☐ |
| **16.** Practica deportes de invierno en los Pirineos. | ☐ | ☐ | ☐ |
| **17.** Se va a vivir al extranjero. | ☐ | ☐ | ☐ |
| **18.** Acepta la propuesta. | ☐ | ☐ | ☐ |

## Tarea 4

Escucha la pista n.º 27 hasta el final. No uses nunca el botón de pausa.

**INSTRUCCIONES**

Usted va a escuchar ocho mensajes, incluido el ejemplo. Cada mensaje se repite dos veces. Seleccione el enunciado (del A al J) que corresponde a cada mensaje (del 19 al 25).

Marque las opciones elegidas en la **Hoja de respuestas**.

**A continuación va a oír un ejemplo:**

La opción correcta es la F porque los contratos están preparados para firmar.

**0.** A ☐ B ☐ C ☐ D ☐ E ☐ F ■ G ☐ H ☐ I ☐ J ☐

**Ahora tiene 45 segundos para leer los enunciados.**

**ENUNCIADOS**

**A.** Dan un aviso importante en un aeropuerto.
**B.** Debe llamar para confirmar la hora.
**C.** Puede pasar otro día de esta semana.
**D.** Se escuchan instrucciones para usar el móvil.
**E.** La persona que llama no va a cenar con la otra persona.
**F.** Debe firmar unos papeles.
**G.** No es posible comprar en todas las plantas.
**H.** Tiene que marcar el dos.
**I.** Hay que recoger a una niña.
**J.** Deben salir del lugar antes de las 21:30 h.

| MENSAJES | ENUNCIADOS |
|---|---|
| **0.** Mensaje 0 | F |
| **19.** Mensaje 1 | |
| **20.** Mensaje 2 | |
| **21.** Mensaje 3 | |
| **22.** Mensaje 4 | |
| **23.** Mensaje 5 | |
| **24.** Mensaje 6 | |
| **25.** Mensaje 7 | |

***Cuaderno de claves***, páginas 34 y 35.

# Prueba de Expresión e interacción escritas

## Tarea previa

1. **Lee estos cuatro correos electrónicos y marca cuáles pueden aparecer en la instrucción de la tarea 1. Compara los mensajes con el del modelo del Instituto Cervantes.**

**Mensaje de la tarea 1. Modelo de examen del Instituto Cervantes.**

Asunto: ¿Quedamos?

*¡Hola!*
*Ya es sábado y no he hablado contigo en toda la semana. ¿Qué has hecho? ¿Mucho trabajo?*
*Te escribo para ver si nos podemos ver la semana que viene. ¿Tienes que hacer muchas cosas? ¿Cuándo puedes quedar?*
*Ya me dices. Un abrazo,*
*Pepe*

**44 palabras**

**Mensaje 1** — Tarea 1 del examen: ☐ sí ☐ no

Asunto: Ayuda

*Buenos días.*
*Te escribo este mensaje porque tengo un problema y necesito tu ayuda. Mis suegros vienen a cenar a casa el sábado y no sé qué prepararles. Tú los conoces bien. ¿Qué me recomiendas? ¡Ah! Piensa que el viernes tengo una reunión en el trabajo, no tengo casi tiempo de ir a la compra.*
*Espero tu mensaje.*
*Saludos,*
*Ramón*

**60 palabras**

**Mensaje 2** — Tarea 1 del examen: ☐ sí ☐ no

Asunto: Recordatorio de cita

*Estimado señor:*
*El presente mensaje es para recordarle nuestra cita del jueves próximo a las 15:00 h. Como quedamos, se celebrará en nuestras oficinas centrales de la calle Embajadores, n.º 37.*
*Le esperamos.*
*Saludo cordiales,*
*Julián Martos*

**37 palabras**

**Mensaje 3** — Tarea 1 del examen: ☐ sí ☐ no

Asunto: Pregunta

*¿Qué tal?*
*Te mando este mensaje porque tengo una pregunta. Tengo que hablar con aquel amigo común de la facultad que se fue a Japón a vivir, ¿lo recuerdas? No sé cómo contactar con él. ¿Tienes alguna idea?*
*Espero tu mensaje.*
*Saludos,*
*Mikel*

**43 palabras**

**Mensaje 4** — Tarea 1 del examen: ☐ sí ☐ no

Asunto: Reunión

*Mira, tengo que enviarte este mensaje aunque prefiero hablar directamente contigo, pero nunca te encuentro en la oficina. Ya sabes que no me gustó nada lo que pasó ayer en la reunión con el director general. Tenemos que hablar sobre el asunto. No es la primera vez que pasa algo así y tenemos que dejar de provocar este tipo de situaciones. No es bueno ni para nosotros ni para la empresa.*
*Merche*

**43 palabras**

2. **Aquí tienes fragmentos de instrucciones de esta prueba. Escribe a qué tarea pertenecen. En tres casos se trata del modelo de examen del Instituto Cervantes. Luego, relaciona las dos instrucciones de la tarea 1 con el mensaje correspondiente. Selecciónalos de la página anterior.**

| **Instrucción 1.*** Tarea n.º ....<br>Corresponde al mensaje n.º ....<br>Conteste a su amigo. En el correo tiene que:<br>- saludar;<br>- decir qué ha hecho esta semana;<br>- explicar qué va a hacer la próxima semana;<br>- decir un día, un lugar y una hora para quedar;<br>- hacerle dos preguntas y despedirse. | **Instrucción 2.** Tarea n.º ....<br>Corresponde al mensaje n.º ....<br>Conteste a su amigo. En el correo tiene que:<br>- saludar;<br>- dar un consejo;<br>- explicar el consejo;<br>- proponer una cita;<br>- hacerle dos preguntas y despedirse. |
|---|---|
| **Instrucción 3.** Tarea n.º ....<br>Corresponde al mensaje n.º ....<br>Conteste a su amigo. En el correo tiene que:<br>- saludar;<br>- agradecer el mensaje;<br>- dar información sobre el amigo común;<br>- explicar cómo ponerse en contacto con él;<br>- hacerle dos preguntas y despedirse. | **Instrucción 4.** Tarea n.º ....<br>Corresponde al mensaje n.º ....<br> |
| **Instrucción 5.** Tarea n.º ....<br>Corresponde al mensaje n.º ....<br>Escriba un texto sobre una celebración religiosa en la que ha estado. Hable de:<br>- de qué celebración se trata;<br>- qué hicieron durante la celebración;<br>- quién asistió;<br>- por qué le gustó la celebración;<br>- qué se hace normalmente en esas celebraciones. | **Instrucción 6.** Tarea n.º ....<br>Corresponde al mensaje n.º ....<br>Lourdes y José son dos compañeros de trabajo. Estas son algunas fotos de su relación. Usted tiene que escribir un texto y decir:<br>- cómo es la relación entre ellos;<br>- desde cuándo se conocen;<br>- qué relación tienen fuera del trabajo. |
| **Instrucción 7.*** Tarea n.º ....<br>Corresponde al mensaje n.º ....<br>Lucía y Olga son dos amigas que desde hace mucho no se ven. Aquí tiene algunas fotos de cuando se conocieron. Usted tiene que escribir un texto y decir:<br>- cómo se conocieron;<br>- cómo era su vida antes;<br>- cómo son sus vidas ahora y por qué no se ven. | **Instrucción 8.*** Tarea n.º ....<br>Corresponde al mensaje n.º ....<br>Escriba un texto sobre una fiesta de cumpleaños en la que ha estado. Hable de:<br>- de quién era el cumpleaños;<br>- qué hicieron en la fiesta;<br>- qué regalo llevó;<br>- por qué le gustó esa fiesta;<br>- qué hace usted normalmente en estas fiestas. |

***Fuente: Instituto Cervantes**

3. **¿Es importante seguir todas las instrucciones? ¿Es necesario poner en el texto todos los puntos de las instrucciones? Escribe tu comentario, en español o en tu lengua.**

.......................................................................................

.......................................................................................

4. **¿Cómo eliges entre la opción 1 y la opción 2 de la tarea 2? Escribe tu comentario, en español o en tu lengua.**

.......................................................................................

.......................................................................................

***Cuaderno de claves*, página 36.**

## ¡Ya puedes empezar esta prueba!

# Prueba de Expresión e interacción escritas

Número de tareas: 2.

Duración: 45 minutos.

¡Pon el reloj!

## Tarea 1

**INSTRUCCIONES**

Una amiga le escribe para proponerle algo.

Asunto: Exposición

¿Qué tal? ¿Cómo estás?
Te escribo para proponerte una cosa. He visto que hay una exposición de arte surrealista en la Galería Nacional. Creo que a ti te gusta ese estilo. ¿Quieres venir conmigo?
Ya me dices. Un saludo,
Alejandra

Conteste a su amiga. En el correo tiene que:

- saludar;
- agradecer la propuesta y aceptarla;
- explicar por qué la acepta;
- proponer un día y una hora;
- hacerle dos preguntas y despedirse.

**Número de palabras recomendadas: entre 60 y 70.**

Anota aquí cuánto tiempo has necesitado: ......................... Pon de nuevo el reloj.

## Tarea 2

**INSTRUCCIONES**

Elija solo una de las dos opciones. En cada opción tiene que tratar todos los puntos.

**OPCIÓN 1**

Escriba un texto sobre un acontecimiento familiar: el nacimiento de un hijo. Hable de:

- quién nació y en qué familia;
- qué relación tiene usted con la madre;
- qué hicieron para celebrar el nacimiento;
- qué regalo llevó y cómo lo celebraron;
- la elección del nombre del hijo o de la hija.

Anota aquí cuánto tiempo has necesitado: ......................... Pon de nuevo el reloj.

## OPCIÓN 2

Estos son algunos datos y fotografías de la boda de Antonio y Carmen, amigos suyos, en la que usted estuvo la semana pasada. También hay fotos de su viaje de novios.

Sábado al mediodía

Lunes: Londres

Sábado por la tarde

Jueves: Berlín

Usted tiene que escribir un texto sobre Antonio y Carmen y decir:

- cuándo se casaron;
- qué hicieron después de la boda;
- cómo la boda ha cambiado sus vidas.

**Número de palabras recomendadas: entre 70 y 80.**

Anota aquí cuánto tiempo has necesitado: .........................

***Cuaderno de claves***, páginas 36 y 37.

# Prueba de Expresión e interacción orales

## Tarea previia

**1. Aquí tienes fragmentos de instrucciones de esta prueba 4. Están incompletos. Busca en la columna de la derecha las frases adecuadas para completarlos. Hay dos que no se corresponden con ninguno.**

**Tarea 1***
Hable de un viaje que usted ha hecho. Hable de:
- adónde fue el viaje, por qué lo hizo y por qué es importante para usted;
- [1] ..........................................
- en qué medio de transporte fue y por qué;
- alguna historia que le pasó en ese viaje;
- [2] ..........................................

**Tarea 1**
Hable de una comida o cena especial en la que usted ha participado, en su empresa o con su familia. Hable de:
- si tuvo lugar en su empresa o en familia;
- [3] ..........................................
- quién participó y quién no;
- [4] ..........................................
- cuándo se va a celebrar la próxima cena.

**Tarea 2***
- ¿Cómo son las personas de la foto (físico, personalidad que cree que tienen…)? ¿Qué ropa llevan?
- [5] ..........................................
- ¿Qué están haciendo las personas de la foto?
- ¿Qué relación cree que hay entre ellas?
- [6] ..........................................
- ¿Qué cree que han hecho antes? ¿Y qué van a hacer después?

**Tarea 3***
Sus padres cumplen veinte años de casados y usted va a organizar una pequeña fiesta sorpresa con sus hermanos. El examinador es su hermano. Hable con él siguiendo estas indicaciones.

**CANDIDATO**

Durante la conversación, tiene que:
- [7] ..........................................
- [8] ..........................................
- elegir qué comida y bebida va a haber;
- pensar qué regalo les pueden hacer.

A. el motivo de la cena y quién la organizó;

B. si va a hacer algún viaje pronto: cuándo, adónde, con quién y por qué.

C. cuándo se va a celebrar de nuevo.

D. cuánto tiempo duró el viaje, con quién fue, qué hicieron y dónde se alojaron;

E. ¿Dónde están esas personas? ¿Qué objetos hay? Describa el lugar.

F. alguna anécdota durante la cena;

G. decidir dónde y cuándo van a hacer la fiesta;

H. pensar si van a invitar a otros familiares;

I. cuál era el motivo de la celebración;

J. ¿Qué cree que piensan o cómo cree que se sienten estas personas? ¿Por qué?

***Fuente: Instituto Cervantes**

**2. ¿Es importante preparar y seguir todas las instrucciones? ¿Puedo decir cosas que no están en las instrucciones? ¿Tengo que esperar a que el examinador me pregunte? Escribe tu comentario, en español o en tu lengua.**

..........................................................................................................................................

..........................................................................................................................................

..........................................................................................................................................

***Cuaderno de claves*, página 37.**

## ¡Ya puedes empezar esta prueba!

## LA PREPARACIÓN

Tienes **12 minutos** para preparar las tres tareas. Pon el reloj.
Recuerda que debes seguir todas las indicaciones que aparecen a continuación.

### Tarea 1. Monólogo

**UNA MUDANZA**

**INSTRUCCIONES**

Hable de una mudanza. Hable de:

- quién se mudaba y por qué;
- dónde está y cómo es el nuevo piso;
- qué objetos se transportaron y cómo;
- qué personas ayudaron y por qué;
- que va a haber otra mudanza próximamente.

### Tarea 2. Descripción

**EL PRIMER DÍA DE CLASE**

Hable de la foto durante dos o tres minutos. Usted debe hablar de:

- ¿Cómo son las personas de la foto (físico, personalidad que cree que tienen...)? ¿Qué ropa llevan?
- ¿Dónde están esas personas? ¿Qué objetos hay? Describa el lugar.
- ¿Qué están haciendo las personas de la foto?
- ¿Qué relación cree que hay entre ellas?
- ¿Qué cree que piensan o cómo cree que se sienten estas personas? ¿Por qué?
- ¿Qué cree que han hecho antes? ¿Y qué van a hacer después?

### Tarea 3. Diálogo

Usted ha empezado recientemente un curso. Un amigo suyo le pregunta por el primer día de clase. El examinador es su amigo. Hable con él siguiendo las indicaciones.

**CANDIDATO**

Durante la conversación, tiene que:

- explicar de qué es el curso y por qué lo hace;
- contar cómo fue el primer día de clase;
- animar al amigo a hacer el mismo curso;
- hablar de las otras personas del grupo y del profesor.

Anota aquí cuánto tiempo has necesitado para preparar la entrevista: .........................

# LA ENTREVISTA

En este modelo de examen tienes dos versiones de las tareas 1 y 2. La primera versión está preparada: vas a escuchar las instrucciones y tienes que responder después de cada punto, uno a uno. El objetivo es asegurarte de que has preparado todas las instrucciones. Escucha con atención porque puede haber preguntas que no has preparado. No tienes que controlar el tiempo.

En la segunda versión, tienes una situación normal de examen.

En este modelo hablamos de **tú**.

## Tarea 1: cumplir todas las instrucciones

Pon la pista n.° 28. Escucha las instrucciones y las preguntas. Usa el botón de pausa después de cada pregunta y responde.

Graba tus respuestas.

## Tarea 2: cumplir todas las instrucciones

Pon la pista n.° 29. Escucha con atención todas las preguntas. Usa el botón de pausa después de cada pregunta y responde.

Graba tus respuestas.

## Tarea 1

Recuerda que la duración de esta tarea es de **2** a **3 minutos**.

Pon la pista n.° 30. Escucha las instrucciones y las preguntas y responde.

Graba tu exposición.

## Tarea 2

Recuerda que la duración de esta tarea es de **2** a **3 minutos**.

Pon la pista n.° 31. Escucha las instrucciones y las preguntas y responde.

Graba tu descripción.

## Tarea 3

Recuerda que la duración de esta tarea es de **3** a **4 minutos**.

Pon la pista n.° 32. Escucha las instrucciones y las preguntas y responde.

Graba tus respuestas.

***Cuaderno de claves***, página 38.

# ABC Vocabulario

## Prueba 1: Comprensión de lectura

Vuelve a los textos de las tareas, lee la frase donde está cada palabra y anota aquí su significado en tu lengua. Recuerda que aquí el vocabulario está en orden alfabético.

| | En español | En tu lengua | En español | En tu lengua |
|---|---|---|---|---|
| **Tarea 1** | adjunto (mensaje) | ........................... | decidir | ........................... |
| | aunque | ........................... | definitivo/a | ........................... |
| | cansado/a (estar) | ........................... | iglesia | ........................... |
| | confirmar | ........................... | reunión (la) | ........................... |
| | convencer | ........................... | viaje de negocios (el) | ........................... |
| **Tarea 2** | a domicilio | ........................... | desaparecido/a | ........................... |
| | amistad (la) | ........................... | disponibilidad horaria | ........................... |
| | apuntarse | ........................... | divertirse | ........................... |
| | aún | ........................... | interpretación (teatro) | ........................... |
| | autodidacta | ........................... | participar | ........................... |
| | carro de la compra | ........................... | primer premio | ........................... |
| | clase particular | ........................... | principiante | ........................... |
| | concursante | ........................... | proponer | ........................... |
| | confirmar asistencia | ........................... | recomendar | ........................... |
| | contestar | ........................... | sin compromiso | ........................... |
| | derecho de admisión | ........................... | tamaño | ........................... |
| **Tarea 3** | acceder a | ........................... | cursar | ........................... |
| | además | ........................... | desarrollo profesional | ........................... |
| | avanzar | ........................... | extrañar | ........................... |
| | computadora portátil | ........................... | luchar | ........................... |
| | crecer | ........................... | tener miedo | ........................... |
| **Tarea 4** | a través de | ........................... | miembro | ........................... |
| | añadir | ........................... | mostrar | ........................... |
| | azafata de vuelo | ........................... | navegar | ........................... |
| | clave (la) | ........................... | perfeccionar | ........................... |
| | completar | ........................... | poner en marcha | ........................... |
| | confianza | ........................... | ponerse en contacto con | ........................... |
| | crecer | ........................... | proponer | ........................... |
| | la mayoría (de) | ........................... | registrarse | ........................... |
| | licenciarse | ........................... | residente | ........................... |
| | maternidad (la) | ........................... | respeto mutuo | ........................... |

# Prueba 2: Comprensión auditiva

Vuelve a escuchar las audiciones de este modelo de examen, pulsa el botón de pausa y escribe el significado de cada palabra en tu lengua. Recuerda que aquí el vocabulario está en orden alfabético.

## Tarea 1 (24)

| En español | En tu lengua | En español | En tu lengua |
|---|---|---|---|
| arroz (el) | ...................... | mejorar | ...................... |
| calefacción (la) | ...................... | paella | ...................... |
| carne (la) | ...................... | pagar con tarjeta | ...................... |
| chimenea | ...................... | patatas | ...................... |
| desayunar | ...................... | pescado | ...................... |
| ensalada | ...................... | pollo | ...................... |
| ensaladilla rusa | ...................... | postre (el) | ...................... |
| friolero/a (ser) | ...................... | quedar | ...................... |
| infusión (la) | ...................... | salado/a (estar) | ...................... |
| judías verdes | ...................... | sopa | ...................... |
| junto a | ...................... | vegetariano/a | ...................... |
| lejos de | ...................... | verdura | ...................... |

## Tarea 2 (25)

| En español | En tu lengua | En español | En tu lengua |
|---|---|---|---|
| a partir de | ...................... | firmar | ...................... |
| actuación (teatro, música) | ...................... | libros usados | ...................... |
| agencia (de viajes) | ...................... | mudarse | ...................... |
| conectarse | ...................... | Para más información,... | ...................... |
| dejar en buenas manos | ...................... | recibir | ...................... |
| descubrir | ...................... | responsabilidad (la) | ...................... |
| disco | ...................... | taquilla | ...................... |
| entradas limitadas | ...................... | vacaciones de Navidad | ...................... |

## Tarea 3 (26)

| En español | En tu lengua | En español | En tu lengua |
|---|---|---|---|
| aburrido/a (ser) | ...................... | esquiar | ...................... |
| acostumbrarse | ...................... | estar moreno/a (la piel) | ...................... |
| bajar | ...................... | partido (deporte) | ...................... |
| bono (de transporte) | ...................... | ruido | ...................... |
| casarse | ...................... | sorpresa | ...................... |
| contento/a (estar) | ...................... | sueño | ...................... |
| descubrir | ...................... | un montón (de) | ...................... |

## Tarea 4 (27)

| En español | En tu lengua | En español | En tu lengua |
|---|---|---|---|
| confirmar | ...................... | oír | ...................... |
| consulta (médica) | ...................... | pasajero/a | ...................... |
| contrato de alquiler | ...................... | recoger | ...................... |
| elegir | ...................... | recuerdo | ...................... |
| embarcar | ...................... | Se ruega a... | ...................... |
| esperar | ...................... | sección (la) | ...................... |
| establecimiento | ...................... | sexta planta | ...................... |
| guardería | ...................... | tener una cita | ...................... |
| marcar (teléfono) | ...................... | zapatería | ...................... |
| mensaje guardado | ...................... | zapatos de tacón | ...................... |

# Modelo de examen n.º 5



Las tareas previas de este modelo de examen se centran en el vocabulario. Vamos a trabajar en especial la relación entre las preguntas y las preguntas e instrucciones, y los textos y audios. También en este modelo de examen algunos textos y audios tienen temas en común. Recuerda que no es lo normal en el examen.

# Prueba de Comprensión de lectura

## Tarea previa

1. **Observa las siguientes parejas de frases y decide si dicen lo mismo. Escribe *sí* o *no*. Todos los fragmentos vienen de modelos de examen.**

### Tarea 1

| Fragmentos de textos | Fragmentos de preguntas | ¿Dicen lo mismo? |
|---|---|---|
| 1. Antes, cuando vivía en el edificio de enfrente, la veía mucho, pero desde que se fue del barrio no nos vemos nunca.* | Antes vivía delante del edificio de la otra persona. | |
| 2. Estuvisteis tú y tu novio hace un tiempo alojados en casa cuando yo no estaba, y mi hermana me habló de vosotros. | Ella y el novio pasaron unos días en casa de la persona que escribe. | |
| 3. Dice Laura que es mejor elegir dos menús diferentes y no uno, como el año pasado. | Laura dice que es mejor seleccionar dos menús diferentes. | |
| 4. Esta semana (Ahmed) está trabajando, luego se queda aquí durante sus vacaciones, hasta septiembre...* | Ahmed ha quedado con la otra persona durante las vacaciones. | |
| 5. Mi móvil se rompió el otro día y ya no tengo, así que mi único medio de comunicación es el correo electrónico. | El móvil se cayó al agua y no funciona. | |
| 6. Como sabes,(la jefa) ha empezado en la oficina hace poco, igual que tú, y hay cosas que aún no sabe. | La jefa ha comenzado hace poco a trabajar en esa oficina. | |
| 7. Además, hace mucho tiempo que no estamos todos juntos, creo que desde la boda de mi hermana.* | No se ven desde que nació su hermana. | |
| 8. Bueno, háblalo con los de tu departamento y mándame un mensaje. | Tiene que hablar con los compañeros de trabajo de su sección. | |

***Fuente: Instituto Cervantes**

### Tarea 2

| Fragmentos de textos | Fragmentos de preguntas | ¿Dicen lo mismo? |
|---|---|---|
| 1. Se necesita compañero de piso... No queremos parejas.* | Tiene que ser una persona sola. | |
| 2. Experiencia en clases particulares, título de la Escuela Oficial de Idiomas y estancias en el extranjero. Disponibilidad horaria total. | Puede dar clase cuando el alumno quiere. | |
| 3. Cadena de tiendas de camisetas necesita dependientes para varias tiendas de Madrid.* | El anuncio es para trabajar como modelo con las camisetas en la tienda. | |
| 4. ¿Estás bien informado? ¿Puedes contestar correctamente un test de actualidad? | Quieren saber si puede responder a unas preguntas. | |
| 5. Me llamo Rumbo y desaparecí la noche del pasado sábado 5 de septiembre. | Rumbo se puso enfermo. | |
| 6. Tiene que traer fotocopia de su pasaporte anterior y dos fotografías a color tamaño carnet de hace menos de dos años...* | Piden una fotografía de otro carnet. | |
| 7. El próximo viernes 12 de noviembre estáis todos invitados al bar Palique para hablar en inglés y en español. | Invita al bar Palique a charlar en dos idiomas. | |
| 8. Se dan clases de guitarra: española, acústica, eléctrica. Para principiante o avanzado... | Da clase de guitarra a personas con poca experiencia. | |

***Fuente: Instituto Cervantes**

## Tarea 4

| Fragmentos de textos | Fragmentos de preguntas | ¿Dicen lo mismo? |
|---|---|---|
| 1. Creo que todos los lugares son interesantes y podemos aprender muchas cosas viajando.* | La persona cree que en todos los lugares se puede disfrutar. | |
| 2. La primera prueba era una entrevista vía *webcam*. | La primera prueba era una conversación con preguntas por videoconferencia. | |
| 3. En mi opinión, uno de los problemas del trabajo fue la mala organización y el frío de las instalaciones. | Hacía mucho frío en el lugar donde tenía que trabajar. | |
| 4. Siempre me gusta preparar todos mis viajes, ver páginas web de la ciudad...* | Le gusta compartir en internet lo que hace en sus viajes. | |
| 5. Ha creado un portal dedicado exclusivamente al intercambio de casas. | Ha comprado un portal de internet en el que solo se intercambian casas. | |
| 6. También he estado en lugares a los que es muy difícil entrar y he conocido a gente que escribe otros blogs.* | Dice que ha llegado a lugares donde es difícil acceder. | |

***Fuente: Instituto Cervantes**

2. **¡Ahora tú! Escribe una frase que signifique lo mismo y otra que no para estos fragmentos de textos.**

- Somos un grupo de jóvenes de Valencia (25-35 años) que busca a personas que quieran divertirse, tener nuevas experiencias y conocer a gente nueva.

.....................................................................................

.....................................................................................

- "Lo que más me gusta de Chile son las bellas playas que tiene y las empanadas". Llegó hace un año de Puebla, México.

.....................................................................................

.....................................................................................

- Estíbaliz, natural de Álava, España, se licenció en Dirección y Administración de Empresas en Deusto, Bilbao, y completó luego sus estudios universitarios con un máster de Comercio Exterior en Alemania.

.....................................................................................

.....................................................................................

***Cuaderno de claves***, página 39.

# ¡Ya puedes empezar esta prueba!

# Prueba de Comprensión de lectura

Esta prueba tiene **cuatro tareas**. Usted debe responder a 25 preguntas.

La duración es de 60 minutos.

Marque las opciones elegidas en la **Hoja de respuestas**.

Pon el reloj al principio de cada tarea.

## Tarea 1

**INSTRUCCIONES**

Usted va a leer el correo electrónico que Luisa envía a Alejandro, un compañero de piso. A continuación, conteste a las preguntas (de la 1 a la 5). Seleccione la opción correcta (A, B o C).

Marque las opciones elegidas en la **Hoja de respuestas**.

Asunto: Nueva compañera de piso

Hola, Alejandro:

¿Qué tal estás? Espero que bien. No sé si todavía estás enfermo, como el fin de semana pasado no estuve en el piso y no os he visto ni a ti ni a Carlos, no he podido preguntar. Supongo que ya estás bien.

A ver, te escribo porque esta mañana una compañera del trabajo que busca una habitación para alquilar, y sabe que vivo en un piso compartido, me ha preguntado si tenemos alguna habitación libre. La necesita para cinco o seis meses. Antes de ofrecer la que está libre, quería saber qué piensas.

La chica se llama Ana y tiene unos 25 años. Tiene un contrato temporal y trabaja con nosotros de vez en cuando, pero creo que no tiene problemas para pagar el alquiler regularmente. Ha terminado Empresariales en Granada, pero es de Zaragoza, como tú.

Creo que es bastante ordenada. Además, no fuma. Yo sé que a ti no te gustan las visitas porque trabajas en casa muchas horas y necesitas silencio, por eso le he preguntado si tiene novio y parece que no. Tampoco tiene mascotas. Acaba de llegar a Tarragona.

He hablado ya con Carlos y él está de acuerdo. Dice que si tú también, podemos quedar para conocerla el viernes por la tarde o por la noche. ¿Qué te parece? Yo puedo a eso de las ocho, después del trabajo. Él también.

Te adjunto una foto de la chica. Si necesitas saber algo más de ella antes del viernes, mándame un mensaje o llámame por teléfono, esta semana tengo mucho trabajo y apenas voy a estar en casa.

Un saludo,

Luisa

**PREGUNTAS**

1. **Luisa escribe el correo a Alejandro porque...**
   a) quiere ofrecerle algo.
   b) está enferma.
   c) tiene que preguntarle algo.

2. **En el piso de Luisa hay...**
   a) tres habitaciones.
   b) una habitación para alquilar.
   c) una mascota.

3. **Ana es una chica que...**
   a) ha estudiado en la universidad.
   b) no siempre trabaja.
   c) paga regularmente.

4. **Alejandro trabaja...**
   a) en Zaragoza.
   b) en Tarragona.
   c) con Luisa.

5. **Sobre el tema de la carta, Carlos dice que...**
   a) no hay problema.
   b) ya ha quedado para el viernes.
   c) necesita saber más de la chica.

Anota aquí cuánto tiempo has necesitado: .......................... Pon de nuevo el reloj.

## Tarea 2

**INSTRUCCIONES**

Usted va a leer ocho anuncios. A continuación, responda a las preguntas (de la 6 a la 13). Seleccione la opción correcta (A, B o C).

Marque las opciones elegidas en la **Hoja de respuestas**.

**Ejemplo:**

**TEXTO 0**

**Se alquila**
**piso para estudiantes**

Todo equipado para entrar a vivir, 90 m², baño, cocina, balcón, 3 habitaciones, amplio comedor/salón. Frente al centro comercial y al parque Diagonal Mar, muy bien comunicado (bus, metro, tranvía) a 5 minutos de la playa. **Máximo 4 personas.**

275 euros por persona

**Tel.: 67 45 84 04**

**0.** Este piso...

a) es para no más de cuatro estudiantes.

b) cuesta 275 euros al mes.

c) está lejos de la playa.

La opción correcta es la A porque se acepta un máximo de cuatro personas.

**0.** A ■ B □ C □

**TEXTO 1**

Se alquila habitación en piso nuevo y amueblado para estudiantes, con capacidad para 3 personas.

**SOLO CHICAS**

Bien comunicado en Hospitalet, cerca metro línea 1.
Telf. **635 56 67 89**

- Habitación individual mediana: 250 euros
- Habitación individual grande: 260 euros
- Habitación doble: 290 euros

**TODAS CON GASTOS INCLUIDOS**

635 56 67 89 | 635 56 67 89 | 635 56 67 89 | 635 56 67 89 | 635 56 67 89 | 635 56 67 89 | 635 56 67 89

**6.** Este anuncio ofrece habitaciones...

a) al mismo precio.

b) a todo tipo de estudiantes.

c) con todo lo necesario.

**TEXTO 2**

**FAMILIA CON DOS NIÑOS BUSCA CANGURO DE HABLA INGLESA**

**Ofrece**

- habitación en casa con jardín y piscina a 30 minutos de la playa de Catalunya;
- comidas;
- intercambio cultural;
- salario mínimo.

**Pide**

- 40 horas semanales con la niña de 4 años;
- colaboración con los padres en las tareas de la casa.

Dirigirse a **maria@yahoo.es** Telf. **367 89 90**

**7.** En este anuncio ofrecen...

a) un trabajo con alojamiento.

b) una persona que hable inglés.

c) colaborar en las tareas de la casa.

**TEXTO 3**

**HABITACIÓN MUY CERCA DE UNIVERSIDAD**

Busco chica o chico para compartir un piso agradable y luminoso. El piso tiene dos dormitorios y una terraza privada grande.

Está cerca del metro Sant Antoni, a 5 minutos a pie de plaza Universidad.

Soy rusa, estudio lengua española y voy a vivir aquí por lo menos un año.Tengo una perra tranquila y simpática.

El precio es 375 euros al mes (gastos incluidos). La fianza: 750 (dos meses). El pago cada dos meses.

Correo electrónico: natasha@gms.ru

**8.** La chica de este anuncio...

a) da clases de ruso por 375 euros al mes.

b) ofrece una habitación para alquilar.

c) alquila un piso cerca del metro.

**TEXTO 4**

**RESIDENCIA UNIVERSITARIA AGUSTÍN**

**Desde 675 euros/mes en PENSIÓN COMPLETA.**
Habitación individual con baño, internet, TV, lavandería, solárium, terraza comedor, biblioteca, salas de trabajo, salón de actos, recepción 24 horas.

**Infórmate ya.**
**Estamos en el centro de Barcelona**
**C/ Hospitalet, 232**

Al lado de plaza Catalunya, metro líneas 1 y 3, ferrocarriles, bus...
Muy bien comunicado con el Campus Universitario.

**Telf. 93 412 20 90**
**www.bcnresidencia-agustin.es**

**9.** Este anuncio ofrece habitaciones...

a) cerca de la universidad.

b) con desayuno, comida y cena.

c) en una pensión.

**TEXTO 5**

**BUSCAMOS**
CHICA
**VEGETARIANA**
(muy tranquila, simpática y no fumadora)
PARA COMPARTIR PISO BIEN ILUMINADO
Y MUY CÉNTRICO
**300 euros**
GASTOS INCLUIDOS (agua, luz, internet, teléfono)
HABITACIÓN PEQUEÑA
**32 003 088**
DEJA MENSAJE Y NÚMERO DE TELÉFONO.

**10.** El anuncio busca una chica...
a) que no coma carne.
b) que fume.
c) para vivir en un piso pequeño.

**TEXTO 6**

**Se ofrece habitación en piso compartido para chica (fumadora o no)**
Zona céntrica (metro líneas 1, 2 y bus)
Piso alto y habitaciones con mucha luz natural. Sin ruido de la calle. Con TV, DVD, lavadora. Sin ascensor. Llamar o enviar SMS a **669 056 899**

habitación 669 056 899 | habitación 669 056 899 | habitación 669 056 899 | habitación 669 056 899 | habitación 669 056 899 | habitación 669 056 899 | habitación 669 056 899 | habitación 669 056 899

**11.** En el piso que ofrece este anuncio...
a) hay una habitación especial para fumar.
b) hay muchas ventanas.
c) no tienen problemas con el tabaco.

**TEXTO 7**

**LOCAL**
**NO APTO PARA**
**FUMADORES**

Para poder comprar una entrada con descuento, será imprescindible presentar la documentación correspondiente en el momento de la compra.

**12.** En este local...
a) los no fumadores tienen descuento.
b) hay que mostrar documentos para poder fumar.
c) se puede pagar menos por una entrada.

**TEXTO 8**

**CONSULTORIO DE ALQUÉZAR**

Nuevo horario de la consulta del médico:

Lunes, martes, jueves y viernes: **de 10:15 a 12:00 horas**; miércoles: **de 09:00 a 10:00 horas**. El resto de la mañana solo se atenderán urgencias llamando al teléfono **974 31 72 12**, Centro de Salud de Abiego.

La consulta de enfermería mantiene el mismo horario.

**13.** El aviso informa de que el médico...
a) no trabaja por las tardes.
b) los miércoles solo atiende urgencias.
c) ahora tiene el mismo horario que la enfermería.

Anota aquí cuánto tiempo has necesitado: .......................... Pon de nuevo el reloj.

## Tarea 3

**INSTRUCCIONES**

Usted va a leer tres comentarios de tres clientes de un establecimiento turístico en el Pirineo (España). Relacione las preguntas (de la 14 a la 19) con los textos (A, B o C).

Marque las opciones elegidas en la **Hoja de respuestas**.

**PREGUNTAS**

| | A. TATIANA | B. MARTA | C. ALBERTO |
|---|---|---|---|
| **14.** ¿Quién disfrutó de una actividad musical? | ☐ | ☐ | ☐ |
| **15.** ¿Quién volvió a su casa con recetas nuevas? | ☐ | ☐ | ☐ |
| **16.** ¿A quién le gustó especialmente la relación con los otros habitantes de la casa? | ☐ | ☐ | ☐ |
| **17.** ¿Quién disfrutó de caminar sin hablar? | ☐ | ☐ | ☐ |
| **18.** ¿Quién cambió sus costumbres cotidianas? | ☐ | ☐ | ☐ |
| **19.** ¿Quién aprendió a conversar de temas profundos? | ☐ | ☐ | ☐ |

**TEXTOS**

**A.**
**TATIANA**

Llegué a la casa con ganas de conectar con la naturaleza y de mejorar mi práctica del yoga. La experiencia superó mis expectativas, gracias a los organizadores que ayudan y acompañan con mucha generosidad a cada uno. Tuvimos una sesión de canto de mantras que fue muy bonita. El lugar es maravilloso a cada hora del día y de la noche. La comida, deliciosa; he vuelto con nuevas ideas de platos vegetarianos. El silencio de la montaña me ha venido muy bien para centrarme más y valorar mejor las sensaciones que da el contacto con la naturaleza. Gracias a todos por compartir su concepción de la vida. ¡Repetiré, por supuesto!

**B.**
**MARTA**

Llegué a la casa solo con ganas de disfrutar del yoga y de la naturaleza, y desde luego esas expectativas se cumplieron. Parece increíble, cuántas cosas he vivido en solo cuatro días. Todos pudimos sentirnos como una gran familia, hemos conectado entre nosotros de una forma muy profunda. También he podido conectar conmigo misma, me he llenado de paz. Quería escapar del ruido y del estrés de la gran ciudad, tener tranquilidad y una alimentación sana, y aquí he tenido todo eso y más. Me llevo a casa nuevos hábitos que ya practico en mi vida diaria. Gracias en especial a la pequeña Uma y a todas las personas maravillosas que formáis parte de la organización de la casa.

**C.**
**ALBERTO**

Una semana intensa, llena de sensaciones nuevas. He aprendido a relacionarme de una manera más íntima con la naturaleza. La comida, una delicia, aunque no soy vegetariano. Las relaciones personales son más profundas desde que estuve en ese ambiente y he aprendido a tratar temas espirituales; habitualmente no los tratamos en nuestras conversaciones cotidianas. Vine para desconectar del trabajo, de las tensiones en mi casa y lo que realmente he hecho es reconectar con mi verdadera naturaleza. Las excursiones meditativas fueron increíbles, me di cuenta de todo lo que me falta en mi vida diaria en la ciudad. Disfruté muchísimo del paisaje. ¡Qué placer pasear en silencio!

Adaptado de http://www.casacuadrau.org

Anota aquí cuánto tiempo has necesitado: .......................... Pon de nuevo el reloj.

## Tarea 4

**INSTRUCCIONES**

Va a leer un texto sobre la historia de una bebida. A continuación, conteste a las preguntas (de la 20 a la 25). Seleccione la opción correcta (A, B o C).

Marque las opciones elegidas en la **Hoja de respuestas**.

### La cerveza

Pocas veces pensamos en la gran importancia histórica que tienen algunos actos cotidianos. Es lo que pasa si vamos a un bar y pedimos una cerveza. Esta bebida se consume desde tiempos muy antiguos y su fabricación no ha cambiado mucho, se usa casi cualquier tipo de cereal, aunque en las variedades actuales los componentes principales son la cebada o el trigo, que le dan su color, además de agua, levadura y lúpulo, que le da su típico sabor amargo.

El nacimiento de la cerveza está muy próximo al de la agricultura y probablemente se inventó junto con el pan. Se han descubierto cerámicas chinas de hace 9000 años con restos de cerveza. Era una variedad hecha con arroz, frutas y miel. Muy parecida a esta, pero con otros cereales, debía de ser la cerveza fabricada en Mesopotamia y en Egipto hace aproximadamente 5500 años. Han llegado hasta nosotros algunas recetas y se sabe que existían locales donde se vendía. La fabricaban en general las mujeres y parece que tanto su fabricación como su consumo eran actividades relacionadas con la religión. En Egipto la tomaban los faraones, se bebía en fiestas religiosas y, a veces, se usaba como medicina. De esta época es la jarra de cerveza más antigua, encontrada en Palestina.

En Europa se bebe desde la Edad del Bronce. Debió de ser una de las bebidas más habituales hasta que las clases altas y los sacerdotes empezaron a preferir el vino. Algunos autores latinos pensaban que era una bebida que olía mal y la asociaban a los bárbaros. Algunos siglos después, san Isidoro de Sevilla explica que en Hispania se mezclaba con un vino suave, probablemente para aumentar su proporción de azúcar.

Durante la época medieval, la población europea consumía una enorme cantidad de cerveza, unos trescientos litros anuales por persona, y la preferían al agua. En algunos países de Centroeuropa la empezaron a llamar "pan líquido". La fabricaban en los monasterios y, desde 1516, hay una ley en Alemania que regula su fabricación. Desde entonces, su consumo y celebraciones como la Oktoberfest de Múnich, en Alemania, que acaba de cumplir dos siglos, han hecho de ella la bebida más popular en casi todo el mundo.

Adaptado de la revista *Memoria. La Historia de cerca*, España

**PREGUNTAS**

**20. En el texto se habla de...**
a) nuevas formas de beber cerveza.
b) los orígenes de la cerveza.
c) dónde se bebe hoy cerveza.

**21. Los ingredientes de la cerveza...**
a) son casi los mismos que en su origen.
b dependen de los componentes del pan.
c) tienen un significado religioso.

**22. En Egipto la bebían habitualmente...**
a) las mujeres.
b) los enfermos.
c) en celebraciones religiosas.

**23. Durante la época romana...**
a) se prefería al vino.
b) se decía que tenía mal olor.
c) había que mezclarla con vino.

**24. En la Edad Media se consumía cerveza...**
a) principalmente en los monasterios.
b) junto con pan.
c) a veces en vez de agua.

**25. En la actualidad...**
a) se bebe cerveza en casi todas partes.
b) ha vuelto a tener un significado religioso.
c) se fabrica según la ley alemana.

Anota aquí cuánto tiempo has necesitado: ..........................

***Cuaderno de claves***, páginas 39-41.

# Prueba de Comprensión auditiva

## Tarea previa

1. **Vas a escuchar fragmentos de audios, escucharás cada fragmento dos veces. Luego, indica con *sí* o *no* si las frases que hay a continuación dicen lo mismo que los fragmentos. Fíjate en las palabras marcadas en color.**

Tarea 2. Escucha la pista n.º 33 hasta el final. Usa el botón de pausa si lo necesitas.

| | ¿Dicen lo mismo? |
|---|---|
| 1. Pablo da cursos de martes a domingo en horario de tarde y noche.* | |
| 2. La directora de la Oficina de Turismo habló ayer sobre cómo ha sido el primer mes de la Oficina.* | |
| 3. Hoy empezamos una nueva temporada. A partir de ahora, nuestro programa es los sábados de cuatro a siete.* | |
| 4. La Casa de Cultura de Fuente Vaqueros tiene cursos de español para mayores de veintiún años durante los meses de julio y agosto.* | |
| 5. En nuestras tiendas especializadas, puede encontrar zapatos y todo tipo de ropa para uso profesional: las mejores marcas en gorros de cocinero, cascos de bombero, batas para el laboratorio y un largo etcétera. | |
| 6. La acreditada escuela de cocina Con Gusto, después del éxito de la última edición, vuelve a ofrecer sus libros *Nueva cocina volcánica canaria* y *Cocina tradicional del Bajo Aragón*. | |
| 7. Atención: el palacio de deportes de Villajoyosa informa de que por motivos técnicos este fin de semana no se van a abrir las instalaciones. | |
| 8. Educa a los más pequeños. Enseña a los chicos que dos más dos son cuatro. Las primeras palabras en inglés. Enseñarles a compartir, a respetar, a tener objetivos. | |
| 9. Vuelve a comenzar el curso con los mejores precios en *La vuelta al cole*. Abrigos para niños y niñas, 24.90 €. | |
| 10. Entre en lavueltaalavida.com: tenemos ofertas inmejorables para parejas jóvenes. | |

***Fuente: Instituto Cervantes**

Tarea 3. Escucha la pista n.º 34 hasta el final. Usa el botón de pausa si lo necesitas.

| | ¿Dicen lo mismo? |
|---|---|
| 1. No, primero voy a la compra. Oye, ¿vienes conmigo al súper? Tengo que comprar muchas cosas y no voy a poder con todo.* | |
| 2. ¿Tiene que ser ahora? Es que me quiero quedar con María José para ayudarla a estudiar inglés, porque mañana tiene un examen. | |
| 3. ¿Vas a casa de María José? ¿Podrías hacerme un favor y comprarme unas cosas en la frutería que está de camino a su casa?* | |
| 4. Mira, todavía estoy buscando piso. Este es el último mes de alquiler y tengo que mudarme antes del 30.* | |
| 5. Un apartamento o una casita no muy grande, para mí solo, es que ya no quiero comprar piso. | |
| 6. Es que mañana nos vamos Estrella y yo una semana fuera y te quiero dejar las plantas. ¿Las podrías cuidar? | |
| 7. Sí, antes iba mucho. Tenía un trabajo en Cáceres, que está cerca. Fuimos a Zafra varias veces. | |
| 8. Puedo darle las llaves de casa a mi hermano. Él trabaja cerca de aquí y quizá puede venir algún día. | |

***Fuente: Instituto Cervantes**

Tarea 4. Escucha la pista n.º 35 hasta el final. Usa el botón de pausa si lo necesitas.

| | ¿Dicen lo mismo? |
|---|---|
| **1.** ¡Atención, señores viajeros! Por un problema técnico en una de las líneas, los trenes están llegando hora y media tarde a las estaciones.* | |
| **2.** ¡Señoras y señores! La representación va a empezar dentro de cinco minutos.* | |
| **3.** La Dirección General de Tráfico avisa de que la carretera del Mediterráneo está cerrada por obras en el kilómetro 55.* | |
| **4.** Muy buenas noches. Este es un aviso importante. Por favor, póngase en contacto lo antes posible con la empresa Electrocasa. | |
| **5.** Carlos, soy Luisa. Mira, que esta tarde es el cumpleaños de mi tío y no voy a poder ir contigo al baile. | |
| **6.** Buenas tardes, señores pasajeros. En este momento estamos encima de La Mancha. En Sevilla, nuestro destino, llueve mucho y la temperatura es de dieciocho grados. | |
| **7.** Ahora, también en Toledo, abre sus puertas Euroidioma, la escuela de idiomas más conocida de España. Aprenda holandés, islandés, catalán..., hasta quince idiomas con un método de enseñanza moderno y flexible. | |
| **8.** ¡Esta es tu oportunidad! Buscamos actores y actrices jóvenes para un anuncio televisivo en Sevilla. | |

***Fuente: Instituto Cervantes**

**2. ¡Ahora tú! Escribe una frase que signifique lo mismo y otra que no para estos fragmentos.**

Escucha la pista n.º 36 hasta el final. Usa el botón de pausa si lo necesitas.

**Fragmento 1 ***

.................................................................................................

.................................................................................................

**Fragmento 2 ***

.................................................................................................

.................................................................................................

***Fuente: Instituto Cervantes**

***Cuaderno de claves***, página 41.

# ¡Ya puedes empezar esta prueba!

## Prueba de Comprensión auditiva

Esta prueba tiene **cuatro tareas**. Usted debe responder a 25 preguntas.

La duración es de 40 minutos.

Marque las opciones elegidas en la **Hoja de respuestas**.

### Tarea 1

Escucha la pista n.º 37 hasta el final. No uses nunca el botón de pausa.

**INSTRUCCIONES**

Usted va a escuchar seis conversaciones. Escuchará cada conversación dos veces. Después, tiene que contestar a las preguntas (de la 1 a la 6). Seleccione la opción correcta (A, B o C).

Marque las opciones elegidas en la **Hoja de respuestas**.

**A continuación va a oír un ejemplo:**

**0.** ¿Qué ha dejado de hacer don Julián?

A

B

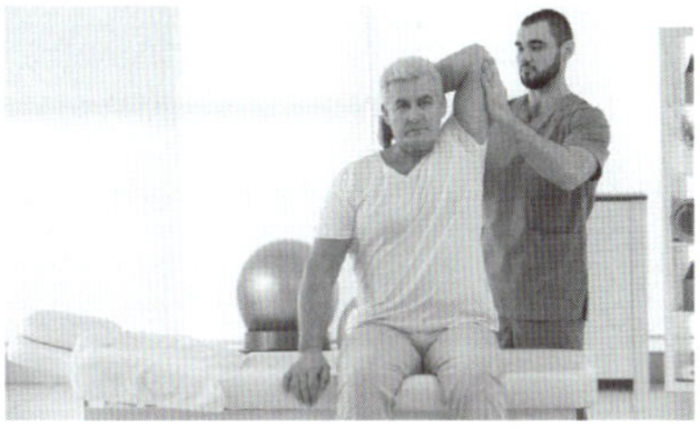
C

La opción correcta es la B, don Julián ya no va al gimnasio porque han cambiado a la fisioterapeuta.

**0.** A ☐ B ■ C ☐

**CONVERSACIÓN 1**

**1.** ¿Qué quiere hacer el chico con la chica?

A

B

C

**CONVERSACIÓN 2**

**2.** ¿Qué le duele al hombre?

A

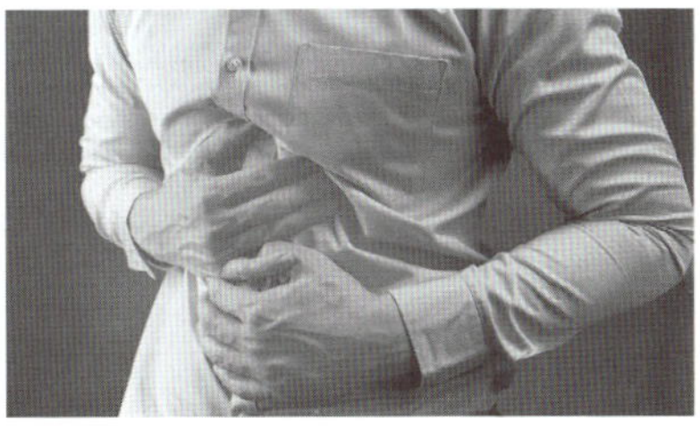
B

C

**CONVERSACIÓN 3**

**3.** ¿Qué le duele al abuelo de la chica?

A

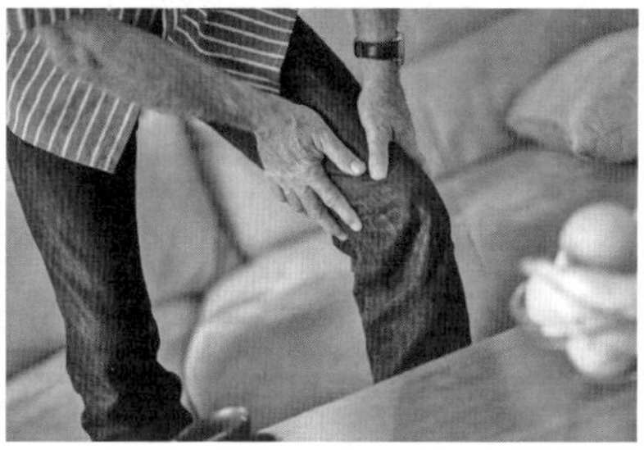

B

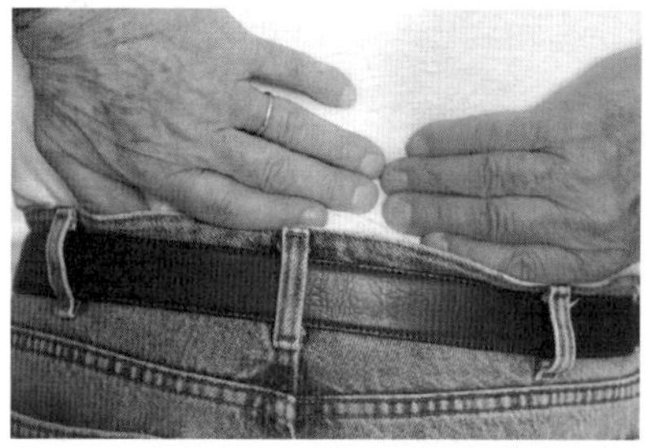

C

**CONVERSACIÓN 4**

**4.** ¿Dónde está el doctor Silvestre en este momento?

A

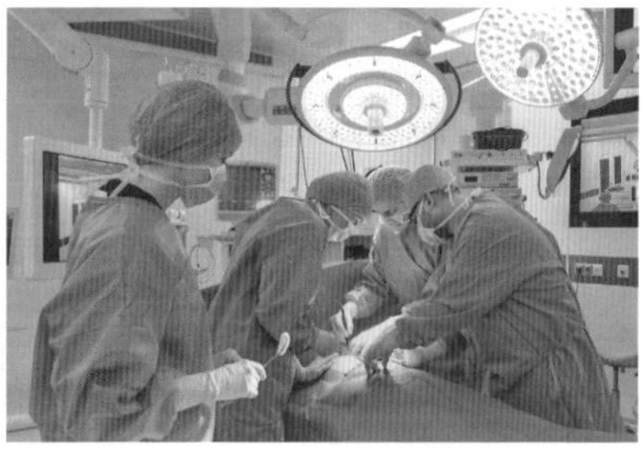

B

C

**CONVERSACIÓN 5**

**5.** ¿Qué practica la mujer actualmente?

A

B

C

**CONVERSACIÓN 6**

**6.** ¿Por qué ha ido al médico esta mujer?

A

B

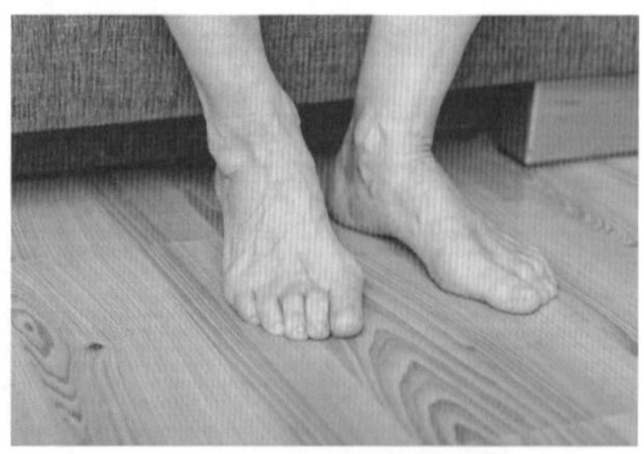

C

## Tarea 2

Escucha la pista n.º 38 hasta el final. No uses nunca el botón de pausa.

**INSTRUCCIONES**

Usted va a escuchar seis anuncios o fragmentos de un programa de radio y tiene que responder a seis preguntas. Cada audición se repite dos veces. Lea las preguntas (de la 7 a la 12) y seleccione la opción correcta (A, B o C).

Marque las opciones elegidas en la **Hoja de respuestas**.

**A continuación va a oír un ejemplo:**

**0.** El 25 de septiembre...
- a) la agencia va a estar en otro sitio.
- b) salen los primeros vuelos a París.
- c) termina la oferta a París.

La opción correcta es la A porque la agencia de viajes cambia de dirección.

**0.** A ■ B □ C □

**PREGUNTAS**

**AUDIO 1**

**7.** En esta audición informan de...
- a) una oferta para anunciarse en la radio.
- b) dos nuevos programas de radio.
- c) trabajo para expertos en comunicación.

**AUDIO 2**

**8.** Se anuncia un curso...
- a) que dura casi un mes.
- b) que hacen veinte personas.
- c) de Experto en Radio que empieza el lunes.

**AUDIO 3**

**9.** Para trabajar en Consumer, es necesario...
- a) ir primero a la oficina.
- b) tener menos de veintiséis años.
- c) llevar una foto.

**AUDIO 4**

**10.** Cercanías de Cataluña ofrece...
- a) tres nuevas líneas.
- b) aire acondicionado en la línea de Badalona.
- c) precios más bajos para jubilados.

**AUDIO 5**

**11.** Roque Villena...
- a) va a dar una nueva receta del gazpacho.
- b) dirige el programa *Salsas y fuegos*.
- c) esta semana habla desde Andalucía.

**AUDIO 6**

**12.** Triclinio es...
- a) un centro médico.
- b) un tipo de silla.
- c) una tienda de muebles.

## Tarea 3

Escucha la pista n.º 39 hasta el final. No uses nunca el botón de pausa.

**INSTRUCCIONES**

Usted va a escuchar una conversación entre la jefa de una tienda y un candidato a un puesto de trabajo. Indique si los enunciados (del 13 al 18) se refieren a la jefa (A), al candidato (B) o a ninguno de los dos (C). Escuchará la conversación dos veces.

Marque las opciones elegidas en la **Hoja de respuestas**.

**Ahora tiene 30 segundos para leer los enunciados.**

| | A. JEFA | B. CANDIDATO | C. NINGUNO DE LOS DOS |
|---|---|---|---|
| **0.** Pregunta por un documento. | ☒ | ☐ | ☐ |
| **13.** Resume su experiencia profesional. | ☐ | ☐ | ☐ |
| **14.** Pregunta por una decisión importante. | ☐ | ☐ | ☐ |
| **15.** No le gustaba trabajar con su padre. | ☐ | ☐ | ☐ |
| **16.** Habla francés e inglés. | ☐ | ☐ | ☐ |
| **17.** Se interesa por la forma de vestir. | ☐ | ☐ | ☐ |
| **18.** Trabaja con otro miembro de la familia. | ☐ | ☐ | ☐ |

## Tarea 4

Escucha la pista n.º 40 hasta el final. No uses nunca el botón de pausa.

**INSTRUCCIONES**

Usted va a escuchar ocho mensajes, incluido el ejemplo. Cada mensaje se repite dos veces. Seleccione el enunciado (del A al J) que corresponde a cada mensaje (del 19 al 25).

Marque las opciones elegidas en la **Hoja de respuestas**.

**A continuación va a oír un ejemplo:**

La opción correcta es la F porque tiene que llamar para confirmar que va a ir.

**0.** A ☐ B ☐ C ☐ D ☐ E ☐ F ■ G ☐ H ☐ I ☐ J ☐

**Ahora tiene 45 segundos para leer los enunciados.**

**ENUNCIADOS**

**A.** Le llaman desde otro país.
**B.** Tiene que llamar cuanto antes.
**C.** Le preguntan a qué hora pueden llevarle un mueble.
**D.** Puede llamar si tiene tiempo.
**E.** Va a haber ofertas de ropa.
**F.** Tiene que devolver la llamada.
**G.** Los vasos y platos son más baratos esta semana.
**H.** Los niños pueden hacerse fotos.
**I.** Va a llegar tarde al trabajo.
**J.** La persona debe presentarse en caja.

| MENSAJES | ENUNCIADOS |
|---|---|
| **0.** Mensaje 0 | F |
| **19.** Mensaje 1 | |
| **20.** Mensaje 2 | |
| **21.** Mensaje 3 | |
| **22.** Mensaje 4 | |
| **23.** Mensaje 5 | |
| **24.** Mensaje 6 | |
| **25.** Mensaje 7 | |

***Cuaderno de claves***, páginas 41-43.

# Prueba de Expresión e interacción escritas

## Tarea previa

1. **Aquí tienes una lista de temas y situaciones posibles. Escribe si pueden aparecer en tarea 1 o en la tarea 2 y, dentro de esta, en la opción 1 o la 2. ¡Atención! Hay cinco temas que no son del examen DELE A2.**

| Temas de la prueba 3 del examen | Tarea |
|---|---|
| 1. Quedar con un amigo para charlar.* | |
| 2. Una fiesta de cumpleaños a la que usted ha asistido.* | |
| 3. Una relación entre dos amigas.* | |
| 4. Una boda en la que usted ha estado. | |
| 5. Actividades de ocio: ir al cine, al teatro, a un concierto, etc. | |
| 6. Dos antiguos compañeros de la escuela. | |
| 7. Los problemas de empezar un negocio. | |
| 8. Hacer una propuesta en un foro de vecinos. | |
| 9. Escribir una carta de reclamación por un producto defectuoso. | |
| 10. Pedir información sobre una persona. | |
| 11. Actividades deportivas: fútbol, gimnasio, tenis, etc. | |
| 12. Pedir información a un banco. | |
| 13. El último fin de semana de una persona. | |
| 14. Resumen de un día: una página del diario. | |
| 15. Un acontecimiento familiar: el nacimiento de un hijo. | |
| 16. Responder a una propuesta: ir a una exposición. | |
| 17. Comentar un tema de actualidad política. | |
| 18. Contar una cena de la empresa. | |
| 19. Responder a una invitación a un congreso de tu profesión. | |
| 20. Responder a un cambio en los planes del trabajo. | |
| 21. Pedir un servicio a una oficina pública. | |

***Fuente: Instituto Cervantes**

2. **Aquí tienes una lista de palabras y expresiones necesarias en esta prueba del examen. Escribe a qué tema o temas de la lista anterior pertenecen.**

| Palabras | Tema |
|---|---|
| 1. encontrarse con alguien | |
| 2. músico | |
| 3. asistir | |
| 4. bloque de vecinos | |
| 5. cafetería | |
| 6. escalera | |
| 7. celebrar | |
| 8. concierto | |
| 9. cumplir años | |
| 10. actor/actriz | |
| 11. tarta | |
| 12. director/directora | |
| 13. llamar por teléfono | |
| 14. ascensor | |
| 15. hacer regalos | |
| 16. practicar deportes | |
| 17. bailar | |
| 18. artista | |
| 19. conocerse | |
| 20. basuras | |
| 21. estar ocupado/a | |
| 22. portal | |
| 23. casarse | |
| 24. jugar al fútbol, al tenis... | |
| 25. novios | |
| 26. jugador/jugadora | |
| 27. estudiar juntos/as | |

| Palabras | Tema |
|---|---|
| 28. ganar un partido | |
| 29. casarse | |
| 30. nacer | |
| 31. tener un hijo | |
| 32. obra de arte | |
| 33. comprar las entradas | |
| 34. estilo artístico | |
| 35. función/sesión | |
| 36. hospital | |
| 37. testigo | |
| 38. los padres, la madre | |
| 39. empezar a trabajar | |
| 40. reservar una mesa | |
| 41. separarse | |
| 42. los hermanos, los tíos, los abuelos | |
| 43. volverse a ver | |
| 44. llegar tarde | |
| 45. localidades agotadas | |
| 46. brindar | |
| 47. película de terror | |
| 48. celebrar | |
| 49. banquete | |
| 50. el menú | |
| 51. obra de teatro | |
| 52. propina | |
| 53. camarero/a | |
| 54. gimnasio | |

3. **¿Es importante el vocabulario en esta prueba? Escribe tu comentario, en español o en tu lengua.**

..........................................................................................

..........................................................................................

***Cuaderno de claves***, páginas 43 y 44.

## ¡Ya puedes empezar esta prueba!

## Prueba de Expresión e interacción escritas

Número de tareas: 2.

Duración: 45 minutos.

¡Pon el reloj!

### Tarea 1

**INSTRUCCIONES**

Un amigo le escribe para pedirle consejo.

Asunto: Consejo

¿Qué tal?
Mira, te escribo este mensaje rápido para pedirte consejo.
Quiero hacer un curso de idiomas con un profesor online y no sé si es buena idea. ¿Has hecho tú alguna vez algo así? ¿Qué opinión tienes?
Espero tu mensaje.
Saludos,
Roberto

Conteste a su amigo. En el correo tiene que:

- saludar;
- explicar si ha dado clases *online*;
- explicar qué tipo de clases le gustan más;
- contar una anécdota sobre sus clases de idiomas;
- hacerle dos preguntas y despedirse.

**Número de palabras recomendadas: entre 60 y 70.**

Anota aquí cuánto tiempo has necesitado: .......................... Pon de nuevo el reloj.

### Tarea 2

**INSTRUCCIONES**

Elija solo una de las dos opciones. En cada opción tiene que tratar todos los puntos.

**OPCIÓN 1**

Escriba un texto sobre la última vez que fue de compras. Hable de:

- con quién fue y qué ambiente había;
- cuánto tiempo estuvieron allí;
- por qué fueron a ese sitio;
- qué compraron y qué no compraron;
- qué hace usted normalmente cuando va de compras.

Anota aquí cuánto tiempo has necesitado: .......................... Pon de nuevo el reloj.

**OPCIÓN 2**

Aquí le presentamos su agenda de ayer. Usted estuvo todo el día con unos clientes. Hoy es viernes, escriba una página de su diario con lo que hizo ayer jueves.

**Jueves, 2 de octubre**

| | |
|---|---|
| 9:00 | Aeropuerto → recoger a los Sres. Benítez |
| 10:00 | Hotel (Sr. y Sra. Benítez) |
| 11:00 | Reunión (Sr. Benítez y jefe) |
| 12:00 | |
| 13:00 | Visita a la catedral y comida |
| 14:00 | |
| 15:00 | Café de sobremesa |
| 16:00 | Sres. Benítez → hotel |
| 17:00 | |
| 18:00 | |
| 19:00 | |
| 20:00 | Copa con Andrea |

Usted tiene que escribir un texto y decir:

- qué hizo y a qué hora;
- con quién estuvo y dónde fue;
- cómo se lo pasó.

**Número de palabras recomendadas: entre 70 y 80.**

Anota aquí cuánto tiempo has necesitado: .........................

***Cuaderno de claves***, páginas 44 y 45.

# Prueba de Expresión e interacción orales

## Tarea previia

**1. Aquí tienes una lista de temas que pueden aparecer en esta prueba. Escribe si corresponden a la tarea 1 o a las taras 2 y 3 (fotografía y situación imaginaria). Hay dos temas que no son del examen DELE A2, identifícalos.**

| Temas de la prueba 4 | Tarea |
|---|---|
| 1. Una fiesta familiar.* | |
| 2. Un viaje que usted ha hecho.* | |
| 3. Una cena de empresa o de familia. | |
| 4. Ir al supermercado a hacer la compra. | |
| 5. Una mudanza. | |
| 6. Asistir a un evento deportivo. | |

| Temas de la prueba 4 | Tarea |
|---|---|
| 7. En la recepción de un hotel. | |
| 8. Una excursión familiar. | |
| 9. Una boda. | |
| 10. Ir al cine a ver una película. | |
| 11. Participar en una celebración religiosa. | |
| 12. Ver una obra de teatro. | |

***Fuente: Instituto Cervantes**

**2. Un candidato ha preparado algunos de los temas anteriores. Estas son las palabras que ha seleccionado. En cada grupo hay una o dos palabras que no son del tema, identifícalas.**

| Temas de la prueba 4 | Palabras | | | |
|---|---|---|---|---|
| 1. Una fiesta familiar.* | celebrar | hacer un regalo | comprar las entradas | divertirse |
| | pasarlo bien | pastel | poner música | ciencia ficción |
| 2. Un viaje que usted ha hecho.* | viajar | hacer una reserva | salir | pasar |
| | billetes | disfrazarse de | llegar | equipaje |
| 3. Asistir a un evento deportivo. | partido de fútbol | jugar a | ganar | equipo |
| | estadio | actuar | director | futbolista |
| 4. Ir al supermercado a hacer la compra. | alimentos | pagar | fruta | pescado |
| | comprar | carro de la compra | verdura | cocinar |
| 5. En la recepción de un hotel. | pedir un servicio | cama | servicio de habitaciones | aire acondicionado |
| | carne | habitación | sábanas | retraso |
| 6. Ir al cine a ver una película. | recepcionista | llegar a tiempo | divertida | aburrida |
| | quedar en la puerta | hacer cola | perder las maletas | actor/actriz |

***Fuente: Instituto Cervantes**

***Cuaderno de claves***, páginas 45 y 46.

## ¡Ya puedes empezar esta prueba!

# Prueba de Expresión e interacción orales

## LA PREPARACIÓN

Tienes **12 minutos** para preparar las tres tareas. Pon el reloj.
Recuerda que debes seguir todas las indicaciones que aparecen a continuación.

### Tarea 1. Monólogo

**UNA CELEBRACIÓN ESPECIAL**

**INSTRUCCIONES**

Hable de una celebración, religiosa o social, a la que usted o un conocido ha asistido. Hable de:

- de qué celebración se trataba;
- quién o quiénes asistieron y por qué;
- dónde tuvo lugar y cómo era ese sitio;
- qué significado tiene esa celebración en su cultura;
- si cree que va a asistir en el futuro de nuevo a algo así.

### Tarea 2. Descripción

**UNA EXCURSIÓN EN FAMILIA**

Hable de la foto durante dos o tres minutos. Usted debe hablar de:

- ¿Cómo son las personas de la foto (físico, personalidad que cree que tienen...)? ¿Qué ropa llevan?
- ¿Dónde están esas personas? ¿Qué objetos hay? Describa el lugar.
- ¿Qué están haciendo las personas de la foto?
- ¿Qué relación cree que hay entre ellas?
- ¿Qué cree que piensan o cómo cree que se sienten estas personas? ¿Por qué?
- ¿Qué cree que han hecho antes? ¿Y qué van a hacer después?

### Tarea 3. Diálogo

Una persona de su familia le propone hacer una excursión. Usted ha aceptado y ahora tienen que organizarla. El examinador es ese miembro de su familia. Hable con él siguiendo las indicaciones.

**CANDIDATO**

Durante la conversación, tiene que:

- decidir dónde y cuándo van a ir de excursión;
- pensar qué van a llevar;
- decidir a quién van a invitar;
- pensar en el medio de transporte.

Anota aquí cuánto tiempo has necesitado para preparar la entrevista: .........................

# LA ENTREVISTA

¡Atención! En este modelo de examen hablamos de **usted**.

## Tarea 1

Recuerda que la duración de esta tarea es de **2** a **3 minutos**.

Pon la pista n.º 41. Escucha las instrucciones y las preguntas y responde.

Graba tu exposición.

## Tarea 2

Recuerda que la duración de esta tarea es de **2** a **3 minutos**.

Pon la pista n.º 42. Escucha las instrucciones y las preguntas y responde.

Graba tu descripción.

## Tarea 3

Recuerda que la duración de esta tarea es de **3** a **4 minutos**.

Pon la pista n.º 43. Escucha las instrucciones y las preguntas y responde.

Graba tus respuestas.

***Cuaderno de claves***, página 46.

## ABC Vocabulario

### Prueba 1: Comprensión de lectura

Vuelve a los textos de las tareas, lee la frase donde está cada palabra y anota aquí su significado en tu lengua. Recuerda que aquí el vocabulario está en orden alfabético.

**Tarea 1**

| En español | En tu lengua | En español | En tu lengua |
|---|---|---|---|
| adjuntar | ..................................... | libre | ..................................... |
| alquilar | ..................................... | mascota | ..................................... |
| apenas | ..................................... | ordenado/a (ser) | ..................................... |
| contrato temporal | ..................................... | pagar el alquiler | ..................................... |
| estar de acuerdo | ..................................... | piso compartido | ..................................... |
| estar enfermo/a | ..................................... | quedar | ..................................... |

**Tarea 2**

| En español | En tu lengua | En español | En tu lengua |
|---|---|---|---|
| amplio comedor | ..................................... | gastos incluidos | ..................................... |
| amueblado/a | ..................................... | informarse | ..................................... |
| apto/a para | ..................................... | luz natural (la) | ..................................... |
| atender | ..................................... | mantener | ..................................... |
| bien comunicado/a | ..................................... | pago (el) | ..................................... |
| bien iluminado/a | ..................................... | pensión completa (la) | ..................................... |
| capacidad (la) | ..................................... | piscina | ..................................... |
| céntrico/a (ser) | ..................................... | piso agradable | ..................................... |
| centro de salud | ..................................... | piso alto | ..................................... |
| colaboración (la) | ..................................... | por lo menos | ..................................... |
| compartir | ..................................... | presentar | ..................................... |
| descuento | ..................................... | ruido | ..................................... |
| dirigirse a | ..................................... | tarea | ..................................... |
| equipado/a | ..................................... | urgencias (servicio de) | ..................................... |

**Tarea 3**

| En español | En tu lengua | En español | En tu lengua |
|---|---|---|---|
| ambiente (el) | ..................................... | formar parte de | ..................................... |
| canto (el) | ..................................... | ganas de (tener) | ..................................... |
| conectar | ..................................... | generosidad (la) | ..................................... |
| conversación cotidiana | ..................................... | hábito | ..................................... |
| desconectar | ..................................... | intenso/a | ..................................... |
| escapar de | ..................................... | manera | ..................................... |
| expectativas (tener) | ..................................... | mejorar | ..................................... |
| faltar | ..................................... | sensación (la) | ..................................... |

**Tarea 4**

| En español | En tu lengua | En español | En tu lengua |
|---|---|---|---|
| asociar a | ..................................... | nacimiento | ..................................... |
| celebración (la) | ..................................... | oler | ..................................... |
| cereal (el) | ..................................... | parecer | ..................................... |
| componente (el) | ..................................... | parecido/a (ser) | ..................................... |
| enorme cantidad de | ..................................... | pedir una cerveza | ..................................... |
| inventar | ..................................... | relacionado/a con (estar) | ..................................... |
| jarra | ..................................... | sabor amargo | ..................................... |

# Prueba 2: Comprensión auditiva

Vuelve a escuchar las audiciones de este modelo de examen, pulsa el botón de pausa y escribe el significado de cada palabra en tu lengua. Recuerda que aquí el vocabulario está en orden alfabético.

## Tarea 1 (36)

| En español | En tu lengua | En español | En tu lengua |
|---|---|---|---|
| accidente (el) | ................................ | dolor de estómago | ................................ |
| acompañar | ................................ | enfermedad grave | ................................ |
| calmante (el) | ................................ | excusa | ................................ |
| campamento | ................................ | fisioterapeuta | ................................ |
| canoa | ................................ | herido/a | ................................ |
| cansado/a (estar) | ................................ | hueso | ................................ |
| caso urgente | ................................ | muela | ................................ |
| corazón (el) | ................................ | natación (la) | ................................ |
| cuello | ................................ | operación (la) | ................................ |
| dejar de + infinitivo | ................................ | pasear | ................................ |
| deportes de aventura | ................................ | remar | ................................ |
| dolor de cabeza | ................................ | respirar | ................................ |
| dolor de espalda | ................................ | tensión (la) | ................................ |

## Tarea 2 (37)

| En español | En tu lengua | En español | En tu lengua |
|---|---|---|---|
| ¡Aproveche esta oportunidad! | ................................ | explicar | ................................ |
| ¡Como lo oye! | ................................ | inscripción (la) | ................................ |
| además | ................................ | medio de comunicación | ................................ |
| ayudar | ................................ | ofrecer | ................................ |
| cambiar de | ................................ | pasar por | ................................ |
| colaborar | ................................ | plato tradicional | ................................ |
| comenzar | ................................ | precios increíbles | ................................ |
| descuento | ................................ | preparar | ................................ |
| empezar | ................................ | prueba | ................................ |
| entrevista | ................................ | recomendar | ................................ |
| enviar un correo | ................................ | vender | ................................ |

## Tarea 3 (38)

| En español | En tu lengua | En español | En tu lengua |
|---|---|---|---|
| anuncio de dependiente | ................................ | estar de prueba | ................................ |
| atender a los clientes | ................................ | estar jubilado/a | ................................ |
| camarero/a | ................................ | pagar | ................................ |
| centro comercial | ................................ | puntual (ser, llegar) | ................................ |
| contestar al teléfono | ................................ | secundaria | ................................ |
| cumplir (años) | ................................ | semanal | ................................ |
| currículum (el) | ................................ | sueldo | ................................ |

## Tarea 4 (39)

| En español | En tu lengua | En español | En tu lengua |
|---|---|---|---|
| asistir a | ................................ | lo antes posible | ................................ |
| coger el teléfono | ................................ | mesa de cocina | ................................ |
| comunicar | ................................ | perder | ................................ |
| confirmar | ................................ | planta joven | ................................ |
| departamento | ................................ | reclamación (la) | ................................ |
| desgraciadamente | ................................ | recordar | ................................ |
| estar preparado/a | ................................ | Se ruega... | ................................ |
| hacerse una foto | ................................ | sonar | ................................ |
| juguete (el) | ................................ | urgente | ................................ |

# Modelo de examen n.° 6



Ya conoces muchas cosas del examen: la estructura general, los tipos de texto, los tipos de tareas, los criterios para evaluar las pruebas 3 y 4, la importancia del vocabulario, etc. Además, conoces las dificultades que tiene para ti y sabes cómo superarlas. Este modelo de examen trabaja las estrategias que puedes usar en cada prueba. Son algo muy personal, cada candidato tiene su forma de resolver el examen, pero algunas las comparten muchos candidatos.

Este modelo de examen es un poco más difícil que los anteriores. El objetivo es ampliar tu vocabulario y asegurar el APTO en el examen real.

# Prueba de Comprensión de lectura

## Tarea previia

¡Atención! Esta tarea no pertenece al examen real. Te ayuda a preparar la prueba 1.

1. **Observa las fotografías de las páginas 172 y 173. Puedes ver el cuadernillo con los textos y las preguntas del examen. Aquí tienes una lista de cosas que hacen algunos candidatos durante esta prueba. Marca si te parece útil y, también, si lo haces tú.**

| | Es útil | Lo hago |
|---|---|---|
| 1. Antes de empezar, pongo el reloj sobre la mesa. | | |
| 2. Recuerdo todo lo que he aprendido de la prueba durante la preparación. | | |
| 3. Lo primero que hago es mirar todas las tareas de la prueba. | | |
| 4. Escribo en el cuadernillo de examen. | | |
| 5. Hago todas las tareas en orden: tarea 1, tarea 2, etc. | | |
| 6. Empiezo por la tarea más difícil para mí. | | |
| 7. Empiezo por la tarea más fácil para mí. | | |
| 8. Leo primero los textos y después las preguntas. | | |
| 9. Leo primero las preguntas y después los textos. | | |
| 10. Analizo las preguntas para saber de qué tipo son. | | |
| 11. Analizo la pregunta para saber en qué parte del texto puede estar la respuesta. | | |
| 12. Busco información en el título del texto. | | |
| 13. Marco palabras en las preguntas. | | |
| 14. Marco palabras en los textos. | | |
| 15. Uso flechas (→) y círculos (O) para marcar partes de los textos o de las preguntas. | | |
| 16. Busco en el texto palabras parecidas a las que hay en las preguntas. | | |
| 17. Observo la forma gráfica del texto. | | |
| 18. Busco en el texto palabras en mayúsculas para identificar datos. | | |
| 19. Busco en el texto números si las preguntas se refieren a datos como horarios, precios, etc. | | |
| 20. Busco en el texto elementos gráficos especiales, como signos de admiración (¡!) o de interrogación (¿?), paréntesis ( ), puntos suspensivos (…), arroba (@), etc. | | |

2. **¿Qué otras estrategias tienes o conoces? Escríbelas aquí, en español o en tu lengua.**

1. ................................................................................................

2. ................................................................................................

3. ................................................................................................

4. ................................................................................................

***Cuaderno de claves***, página 47.

## ¡Ya puedes empezar esta prueba!

# Prueba de Comprensión de lectura

Esta prueba tiene **cuatro tareas**. Usted debe responder a 25 preguntas.

La duración es de 60 minutos.

Marque las opciones elegidas en la **Hoja de respuestas**.

Pon el reloj al principio de cada tarea.

## Tarea 1

**INSTRUCCIONES**

Usted va a leer el correo electrónico que Beatriz escribe a su vecino Alberto. A continuación, conteste a las preguntas (de la 1 a la 5). Seleccione la opción correcta (A, B o C).

Marque las opciones elegidas en la **Hoja de respuestas**.

Asunto: La fiesta de anoche

Hola, Alberto:

¿Qué tal va todo? Espero que lo estéis pasando bien en Mallorca. Aquí tenemos mucho calor, ya sabes cómo es esta ciudad en verano. ¿Cuándo volvéis?

A ver, te escribo porque esta noche tu hijo ha vuelto a organizar una fiesta y no hemos podido dormir en toda la noche. Entre el calor y las fiestas, no podemos descansar, y eso a Laura le pone muy nerviosa, ya sabes que es muy sensible a estas cosas.

Además, han dejado la basura en la escalera. Con el calor va a oler mal en muy poco tiempo. Supongo que aún están dormidos o que no se dan cuenta del problema. El año pasado tuvimos incluso cucarachas por este problema de la basura, ¿lo recuerdas? Cuando hace calor, hay que tener mucho cuidado. Si salen cucarachas, vamos a tener que llamar a la empresa del año pasado y es muy cara.

Bueno, pues que me gustaría pedirte una cosa: he llamado varias veces al timbre, pero no abre. ¿Puedes llamarle tú y decirle que no haga más fiestas y que recoja la basura? Creo que es mejor si lo haces tú, creo que te va a hacer caso.

Otra cosa: han terminado ya de arreglar el ascensor, recuerda que no funcionaba. La semana que viene empiezan con las luces de la escalera. Van un poco despacio, pero yo lo entiendo, con estas temperaturas no se puede ir más rápido.

Y una última cosa: el año pasado te llevaste a Mallorca dos libros de Laura, ¿recuerdas? ¿Puedes traérselos? Quiere prestárselos a su prima, que está en el hospital.

Bueno, ya me dirás si has hablado con Juan Luis.

Un saludo,

Beatriz

**PREGUNTAS**

1. **Beatriz escribe a Alberto para...**
   a) proponerle un viaje a Mallorca.
   b) pedirle un favor.
   c) organizar una fiesta.

2. **Juan Luis es...**
   a) el novio de Laura.
   b) el vecino de Alberto.
   c) el hijo de Alberto.

3. **El problema es que...**
   a) hace mucho calor.
   b) pueden aparecer cucarachas.
   c) es muy cara la empresa que recoge la basura.

4. **Además, Beatriz le informa a Alberto de que...**
   a) el ascensor vuelve a funcionar.
   b) ya han comenzado a arreglar las luces.
   c) ahora el ascensor va más rápido.

5. **Alberto tiene que...**
   a) llevar unos libros a Mallorca.
   b) ir al hospital a ver a Laura.
   c) devolverle unos libros de Laura.

Anota aquí cuánto tiempo has necesitado: .......................... Pon de nuevo el reloj.

## Tarea 2

**INSTRUCCIONES**

Lea los ocho anuncios. A continuación, responda a las preguntas (de la 6 a la 13). Seleccione la opción correcta (A, B o C).

Marque las opciones elegidas en la **Hoja de respuestas**.

**Ejemplo:**

**TEXTO 0**

GOBIERNO DE ARAGÓN
ESCUELA OFICIAL DE IDIOMAS
"RÍO VERO", BARBASTRO

Camino de la Boquera s/n (IES Martínez Vargas)
Telf.: 974 54 76 21

PLAZO DE INSCRIPCIÓN CURSO 2020/2021

DEL 18 AL 28 DE MAYO (ambos inclusive)
IDIOMAS: FRANCÉS E INGLÉS

**NIVELES: básico, intermedio y avanzado**

Horario de atención: 9:00 a 14:00

**0.** Según el anuncio, entre el 18 y el 28 de mayo,...
- a) empiezan los cursos de francés e inglés;
- b) puedes inscribirte en cursos de idiomas;
- c) el horario de atención es especial.

La opción correcta es la B porque las fechas son del periodo de inscripción; es decir, el tiempo para inscribirse en cursos de idiomas.

**0.** A☐ B■ C☐

**TEXTO 1**

**Si descubre un incendio**

- Mantenga la calma.
- Avise al empleado más próximo y siga las instrucciones.
- Diríjase a otro vagón en sentido contrario al humo.

**6.** Este aviso explica qué hacer...
- a) si hay un accidente.
- b) si hay fuego.
- c) si hay mucha gente en el vagón.

**TEXTO 2**

**PLAYA DE PONIENTE**

**CÓDIGO DE CONDUCTA**

- Utilice las papeleras y no deje basura.
- Utilice los servicios.
- Respete a los otros usuarios de la playa.
- Recuerde que no se permiten perros en la playa.
- Respete la naturaleza y la vida salvaje.
- No acampe ni utilice vehículos en la playa.
- Obedezca las normas de uso de la playa.

**7.** El aviso dice que en la playa...
- a) no se puede estar con perros.
- b) los vehículos tienen sus propias normas.
- c) hay papeleras junto a los servicios.

**TEXTO 3**

**ESCUELA DE YOGA**

76 42 72 31
603 45 65 67

Edurne Pujolá
Profesora diplomada por la A.E.P.Y.

Atención personalizada
Condiciones idóneas para practicar yoga:
Sala climatizada
Vestuario y aseos
Amplio horario de clases
Abierta todo el año
Clases de verano
Meditación, seminario, conferencias
Talleres de profundización y estudios tradicionales

www.escueladeyoga.com

**8.** En esta escuela dan clase...
- a) solo los veranos.
- b) profesoras sin titulación oficial.
- c) en un espacio apropiado.

**TEXTO 4**

**PICOS DE EUROPA**

**PARQUE NACIONAL**

| | | | |
|---|---|---|---|
| Utilice los caminos y sendas existentes | Disfrute del paisaje | Use las papeleras | No moleste a la fauna silvestre |
| Acampe solo en lugares autorizados | Se prohíbe hacer fuego sin autorización | No moleste a los animales domésticos | Se prohíbe la práctica del barranquismo. |

**9.** En este parque nacional se puede...
- a) practicar barranquismo.
- b) mirar a los animales sin tocarlos.
- c) poner en todas partes tiendas de campaña.

**TEXTO 5**

## PLATJA DE LLEVANT

- Siga las instrucciones del personal de la playa.
- Respete la naturaleza local.
- Ayúdenos con sugerencias a mantener el nivel de calidad.
- Diríjase a ADEAC por correo, fax o *e-mail*, incluyendo: nombre, localidad y playa o puerto, fecha, hora, problema o sugerencia y dirección de contacto para responderle.

Gracias por la colaboración

**10.** En este anuncio se piden...

a) ideas para cuidar de la playa.
b) direcciones de contacto.
c) personas que colaboren.

**TEXTO 6**

## Si descubre una emergencia

- Avise al empleado más próximo.
- En caso de emergencia médica, si no tiene conocimientos médicos, busque entre los viajeros personas con esos conocimientos.
- Cumpla las indicaciones del personal de la compañía Renfe.

**11.** Si hay una emergencia, necesito...

a) tener conocimientos médicos.
b) informar a los empleados.
c) un trabajador con conocimientos de medicina.

**TEXTO 7**

## VECINOS DEL BARRIO DE ARKOLL

Con el fin de tratar asuntos relacionados con el barrio, se pide a todos los vecinos de Arkoll que participen en la próxima reunión que se celebrará el día 6 de septiembre de 2021, lunes, a las 19:30 h en la Sociedad Santiagotxo.

**SE RUEGA ASISTIR**

**12.** Según el texto, el 6 de septiembre los vecinos...

a) tienen que ir al barrio de Arkoll.
b) asistirán a una fiesta en la Sociedad Santiagotxo.
c) van a hablar de temas del barrio.

**TEXTO 8**

## AVISO IMPORTANTE PARA LOS VECINOS DE ALCAÑIZ

El Ayuntamiento de Alcañiz ha abierto su Centro Social este mes de abril en la calle Mayor, junto a la iglesia de San Salvador. El centro tiene auditorio, sala de ordenadores, sala de juegos de mesa, salón comedor, gimnasio y sauna. También tiene un frontón en el patio que funciona como campo de fútbol sala. Invitamos a todos los vecinos, agrupaciones y asociaciones a presentar propuestas para actos culturales y sociales.

**¡Estáis todos invitados!**

**13.** El Ayuntamiento de Alcañiz...

a) ofrece el Centro Social para organizar actos culturales.
b) tiene su edificio junto a la iglesia.
c) va a construir otro auditorio.

Anota aquí cuánto tiempo has necesitado: ........................... Pon de nuevo el reloj.

## Tarea 3

**INSTRUCCIONES**

Usted va a leer tres textos de tres estudiantes españoles que hablan sobre su experiencia de estudios en otros países. Relacione las preguntas (de la 14 a la 19) con los textos (A, B o C).

Marque las opciones elegidas en la **Hoja de respuestas**.

**PREGUNTAS**

| | A. MIGUEL | B. EDUARDO | C. MANUEL |
|---|---|---|---|
| **14.** ¿Quién dice que a los habitantes del país donde está les gusta estar activos? | ☐ | ☐ | ☐ |
| **15.** ¿Quién dice que ha aprendido cosas que no se aprenden en clase? | ☐ | ☐ | ☐ |
| **16.** ¿Quién anima a otros a vivir su misma experiencia? | ☐ | ☐ | ☐ |
| **17.** ¿Quién confirma el estereotipo de los habitantes del país donde está? | ☐ | ☐ | ☐ |
| **18.** ¿A quién la experiencia le ha transformado el carácter? | ☐ | ☐ | ☐ |
| **19.** ¿Quién ha vivido cambios emocionales muy rápidos? | ☐ | ☐ | ☐ |

**TEXTOS**

**A.**
**MIGUEL**

En 2012 tomé una decisión que transformó mi vida: pasar un año en China. A mí siempre me ha gustado viajar y vivir nuevas experiencias, pero tenía mucho miedo porque no sabía qué podía esperar. Todo fue mejor de lo que imaginaba.

China es, en mi opinión, uno de los mejores destinos para un estudiante europeo. Vas a ver (y comer) cosas de las que no has oído hablar, pero sobre todo vas a formar parte de una cultura llena de contrastes. Durante mi estancia en China, viví muchas experiencias y aprendí cosas que no están en los libros. Mi visión del mundo, mi forma de resolver los problemas, mis relaciones con la gente, todo eso ha cambiado. Ahora soy más activo y tengo más iniciativa.

**B.**
**EDUARDO**

Llevo seis meses en Suecia y cada día me llevo alguna sorpresa. Una cosa que me sorprende es que toda la gente sabe tocar algún instrumento, practica algún deporte o trabaja después del horario escolar. También me ha encantado que, en su mayoría, los suecos son, al principio, muy suecos, cosa que no sorprende, pero cuando los conoces, se convierten en personas divertidísimas y muy agradables.

Algo maravilloso que te da el intercambio es la oportunidad de conocer mundo. Puedes tener amigos de cualquier país para el resto de tu vida. Al principio, te sientes nervioso por los cambios, pero os aseguro que esta experiencia es única. Quitaos todos esos miedos, haced las maletas y lanzaos a la aventura de vuestra vida.

**C.**
**MANUEL**

No sé cómo describir mi experiencia en la República Checa. Es una montaña rusa de emociones. Los primeros días son muy emocionantes porque todo es nuevo, chocante, el idioma es completamente diferente... Poco a poco te vuelves más independiente, haces cosas por tu cuenta y ya no tienes miedo.

Creía, antes de venir, que la gente de aquí era fría y en parte es cierto; si te ven, no te abrazan ni te dan dos besos como hacemos nosotros. Si son muy tímidos para venir a hablar conmigo, me acerco yo con una sonrisa en la cara y trato de no presionar mucho porque, sinceramente, merece la pena hacer amigos checos. Por ahora me lo estoy pasando muy bien.

Adaptado de https://www.afs-intercultura.org

Anota aquí cuánto tiempo has necesitado: .......................... Pon de nuevo el reloj.

## Tarea 4

**INSTRUCCIONES**

Usted va a leer un texto biográfico sobre un tenista español. A continuación, conteste a las preguntas (de la 20 a la 25). Seleccione la opción correcta (A, B o C).

Marque las opciones elegidas en la **Hoja de respuestas**.

### Rafael Nadal

Solo el deporte permite a un joven alcanzar el éxito absoluto y, además, ganar una fortuna. Es el caso del tenista español Rafael Nadal, quien con veintidós años era ya el número uno del mundo.

Rafael nació en 1986 en Manacor, Mallorca, donde vive la familia desde el siglo XIV. Es hijo de Ana María Parera y Sebastián Nadal, director de una empresa. Aunque el verdadero jefe de la familia es el abuelo, que se llama como el nieto. Quien lo llevó al mundo del tenis fue su tío Antonio, Toni. En un primer momento, el joven no sabía si dedicar su vida al tenis o al fútbol, pero después, influido por su tío, se decidió por el tenis. Entonces, aunque la madre al principio no estaba de acuerdo, dejó los estudios y empezó, con 16 años, a jugar profesionalmente.

En la primera etapa, sufrió algunas lesiones que no le dejaron jugar, por dos años seguidos, el prestigioso Roland Garros. El año 2004 fue especialmente duro: en septiembre, en proceso de recuperación, solo había ganado el torneo de Sopot (Polonia), pero al final terminó la temporada como el tenista más joven en ganar la Copa Davis. Gracias a él y a su amigo Carlos Moyá, España pudo ganar la segunda Copa Davis de su historia.

El 5 de junio de 2005, dos días después de su cumpleaños, y después de conquistar cinco grandes títulos, Nadal ganó en Roland Garros al argentino Mariano Puerta después de vencer en semifinales a su gran rival, el suizo Roger Federer. El triunfo aumentó muchísimo su popularidad, en ese momento era el deportista más popular en España. Lo cierto es que Fernando Alonso en Fórmula 1, Dani Pedrosa en motos y Nadal en tenis han cambiado la tendencia de muchos jóvenes españoles, cuyos ídolos se centraban hasta hacía poco en el mundo del fútbol.

En 2008 se hizo realidad su gran sueño, ser el número uno. Empezó mal, pero también lo hizo Federer, a quien ganó en Wimbledon en un partido que duró 4 horas y 48 minutos, probablemente el mejor de la historia del tenis. Un nuevo triunfo en el Masters de Canadá lo convirtió, finalmente, en el mejor jugador del mundo. Hasta hoy, Nadal ha ganado 19 títulos de Grand Slam, 35 títulos en torneos Masters 1000 y 20 en torneos ATP 500.

Su confianza en sí mismo, su fuerza extraordinaria y la disciplina que le impuso su tío durante años le han llevado a esa posición, pero no por eso se olvida de sus grandes aficiones: los juegos de ordenador, la Fórmula 1 y la música (Bon Jovi, Maná, Brian Adams...).

Adaptado de http://es.eurosport.yahoo.com/fot/ftxt/rafael_nadal.html

**PREGUNTAS**

**20.** El texto habla de...
a) la biografía de un deportista.
b) las ideas de Rafael Nadal sobre el deporte.
c) la vida cotidiana de un deportista.

**21.** Rafael Nadal es tenista gracias a...
a) su abuelo Rafael.
b) Ana María Perera.
c) su tío Toni.

**22.** La primera época...
a) fue la más difícil.
b) estuvo llena de premios.
c) aumentó mucho su popularidad.

**23.** El tensita mallorquín ganó...
a) a su amigo Carlos Moyá en la Copa Davis.
b) el mejor partido de la historia.
c) mucho más dinero que Federer.

**24.** Lo que Nadal más deseaba era...
a) ganar a Federer.
b) ser el número uno.
c) ser muy popular en su país.

**25.** El texto dice que la clave de su éxito es...
a) su fuerte carácter.
b) su popularidad.
c) una combinación de elementos.

Anota aquí cuánto tiempo has necesitado: ..........................

***Cuaderno de claves***, páginas 47-49.

# Prueba de Comprensión auditiva

## Tarea previa

1. **Observa de nuevo las fotografías de las páginas 172 y 173. Piensa en las dificultades que tiene para ti la prueba 2. Aquí hay una lista de cosas que hacen algunos candidatos durante esta prueba. Marca si te parecen útiles y si las haces tú.**

| | Es útil | Lo hago |
|---|---|---|
| 1. Antes de empezar, miro un poco todas las tareas de la prueba. | | |
| 2. Recuerdo todo lo que he aprendido de la prueba durante la preparación. | | |
| 3. Me concentro en la prueba. | | |
| 4. Busco información en el párrafo de instrucciones. | | |
| 5. Leo las preguntas rápidamente. | | |
| 6. Analizo las preguntas y las opciones para saber el tipo de pregunta. | | |
| 7. Analizo las preguntas e imagino el vocabulario que puede aparecer. | | |
| 8. Analizo cada pregunta para saber en qué momento de la audición puede estar la respuesta. | | |
| 9. Escribo en el cuadernillo de examen. | | |
| 10. En la tarea 1 escribo rápidamente las palabras que describen las imágenes. | | |
| 11. Marco palabras en las preguntas y en las opciones. | | |
| 12. Uso flechas (→) y círculos (O) para marcar partes de las preguntas. | | |
| 13. Imagino palabras parecidas a las palabras de las preguntas. | | |
| 14. Me fijo en si la pregunta se refiere a datos como horarios, fechas, precios, etc. | | |
| 15. Durante la audición, anoto palabras y fragmentos de los audios como en un dictado. | | |

2. **¿Qué otras estrategias tienes o conoces? Escríbelas aquí, en español o en tu lengua.**

1. ..........
2. ..........
3. ..........
4. ..........

3. **En esta prueba necesitas escuchar de forma activa. Una estrategia es predecir qué vas a escuchar. A continuación, tienes algunos fragmentos de audios pertenecientes a modelos de examen. Completa las transcripciones sin escuchar los audios.**

## Modelo de examen n.º 1. Tarea 1

Conversación 1. Va a escuchar a una mujer que habla con su médico.

► Buenos días. ¿Cómo le va? ¿Vuelve a tener esos problemas de espalda?

▷ No, no, no vengo por mí. Es mi padre, ya está mayor y tiene fuertes dolores en los pies y no puede caminar.

► Entiendo, ¿y no puede usted ayudarle a venir? Si no lo veo, es difícil decir qué tiene.

▷ Sí, bueno, no sé..., quizá mi hijo mayor puede ayudarle a caminar, yo no tengo bastante fuerza. ¿Le parece bien si venimos por la tarde?

► Sí, claro, (1) ..........

Conversación 2. Va a escuchar a un hombre que habla con una dependienta.

- ▶ Buenas. Estoy buscando una cartera para mi hija mayor. Es para su cumpleaños, ¿sabes?
- ▷ ¿Cuántos años tiene? Tenemos estas que gustan mucho.
- ▶ No, ¿sabes? Creo que una cartera no es buena idea. ¿Dónde tenéis las gorras?
- ▷ En esta sección no tenemos, pero vendemos estos cinturones nuevos que acaban de llegar.
- ▶ A ver... Ah, pues son muy bonitos, muy alegres. Este está muy bien.
- ▷ ¿Verdad que sí?
- ▶ Pues sí, así (2) ..........................................................................

Escucha la pista n.° 44. Compara lo que has escrito con el diálogo real.

## Modelo de examen n.° 2. Tarea 2

- ▶ Educa a los niños. Enseña a los niños que dos más dos son cuatro. Las primeras palabras en inglés. Enseñarles a compartir, a respetar, a tener objetivos. Este puede ser tu trabajo. (3) .......................................................................................... Harás prácticas en centros infantiles Chiquitín. Llama gratis a Chiquitín al 900 600 900.

- ▶ Vuelve a empezar el curso con los mejores precios en *La vuelta al cole*. Abrigos para niños y niñas, 24.90 euros. Jerséis (4) ........................................ Faldas y pantalones (5) ........................................ *La vuelta al cole* en El Porte Inglés, vuelve al colegio con los mejores precios.

Escucha la pista n.° 45. Compara lo que has escrito con los anuncios originales.

## Modelo de examen n.° 3. Tarea 3

- ▶ Hombre, Luisa, ¿qué tal? Hace tiempo que no te veo por aquí.
- ▷ Sí, es que esta semana tenemos mucho trabajo.
- ▶ Anda, tómate conmigo un café de esta máquina que nos acaban de poner…
- ▷ Bueno, pero cinco minutos, que al jefe no le gusta.
- ▶ No es muy agradable tu jefe, ¿no?
- ▷ Pues no, no es muy agradable. Oye, un café mejor no, que (6) .......................................................................................... Mejor un chocolate caliente. Toma, sesenta céntimos.
- ▶ No, mujer, invito yo. Oye, dime una cosa, ¿no trabajáis ahora con las tiendas del nuevo centro comercial?
- ▷ Sí, hacemos la publicidad a varias zapaterías, a una peluquería, a una tienda de decoración y a una agencia de viajes.
- ▶ Qué bien. ¿Y qué tal se compra allí?
- ▷ Pues (7) ..........................................................................

Escucha la pista n.° 46. Compara lo que has escrito con el diálogo del examen n.° 3.

## Modelo de examen n.° 4. Tarea 4

- ▶ Bueno…, posiblemente estás cocinando y no oyes el móvil. Que voy a (8).......................................................................................... , así que no me esperes para cenar, ¿vale?

- ▶ Tiene trece mensajes nuevos y cuatro mensajes guardados. Para escuchar sus mensajes nuevos, marque siete; para escuchar sus mensajes antiguos, marque cuatro; para (9) .........................................................., marque tres; para (10) .........................................................., marque uno.

Escucha la pista n.° 47. Compara lo que has escrito con los mensajes originales.

***Cuaderno de claves***, páginas 49 y 50.

## ¡Ya puedes empezar esta prueba!

# Prueba de Comprensión auditiva

Esta prueba tiene **cuatro tareas**. Usted debe responder a 25 preguntas.

La duración es de 40 minutos.

Marque las opciones elegidas en la **Hoja de respuestas**.

## Tarea 1

Escucha la pista n.º 48 hasta el final. No uses nunca el botón de pausa.

**INSTRUCCIONES**

Usted va a escuchar seis conversaciones. Escuchará cada conversación dos veces. Después, tiene que contestar a las preguntas (de la 1 a la 6). Seleccione la opción correcta (A, B o C).

Marque las opciones elegidas en la **Hoja de respuestas**.

**A continuación va a oír un ejemplo:**

**0.** ¿Qué tipo de clases le ofrece la secretaria?

A

B

C

La opción correcta es la C porque le ofrece clases presenciales con una profesora.

**0.** A ☐ B ☐ C ■

**CONVERSACIÓN 1**

**1.** ¿Quién quiere inscribirse en el curso?

A

B

C

**CONVERSACIÓN 2**

**2.** ¿Qué película van a ver?

A

B

C

## CONVERSACIÓN 3

**3.** ¿Qué tiene que llevar la chica a la clase de mañana?

A

B

C

## CONVERSACIÓN 4

**4.** ¿Qué va a hacer el hombre, por la noche, el fin de semana?

A

B

C

## CONVERSACIÓN 5

**5.** ¿Dónde están las dos personas?

A

B

C

## CONVERSACIÓN 6

**6.** ¿Qué curso ha hecho ya varias veces la señora?

A

B

C

## Tarea 2

Escucha la pista n.º 49 hasta el final. No uses nunca el botón de pausa.

**INSTRUCCIONES**

Usted va a escuchar seis anuncios o fragmentos de un programa de radio y tiene que responder a seis preguntas. Cada audición se repite dos veces. Lea las preguntas (de la 7 a la 12) y seleccione la opción correcta (A, B o C).

Marque las opciones elegidas en la **Hoja de respuestas**.

**A continuación va a oír un ejemplo:**

**0.** El escritor Lorenzo Silva...

a) publica la novela *Recordarán tu nombre*.

b) firmará sus obras próximamente.

c) tiene un nuevo libro.

La opción correcta es la C porque dice que el nuevo libro de Lorenzo Silva está ya en las librerías.

**0.** A ☐ B ☐ C ■

**PREGUNTAS**

**AUDIO 1**

**7.** El programa *El debate del año*...

a) es para profesionales de la radio.

b) lo presenta María Benítez Galve.

c) trata temas de los oyentes.

**AUDIO 2**

**8.** El parque acuático Aquazul...

a) tiene una oferta para grupos.

b) ofrece entradas gratuitas.

c) abre solo este fin de semana.

**AUDIO 3**

**9.** Ha habido un accidente...

a) en la nacional 234.

b) por culpa de una ambulancia.

c) hace poco más de una hora.

**AUDIO 4**

**10.** En la empresa Futur...

a) estudian muchos camareros.

b) los empleados aprenden idiomas.

c) se ofrece trabajo en prácticas.

**AUDIO 5**

**11.** Efusión es...

a) el regalo de las últimas Navidades.

b) un programa de fútbol.

c) un canal de Latinoamérica.

**AUDIO 6**

**12.** En la clínica Pelayo...

a) te ayudan a perder peso.

b) solucionan los problemas de sueño.

c) solo pagas la primera consulta.

## Tarea 3

Escucha la pista n.º 50 hasta el final. No uses nunca el botón de pausa.

**INSTRUCCIONES**

Usted va a escuchar una conversación entre dos hermanos, Pablo y Marta. Indique si los enunciados (del 13 al 18) se refieren a Pablo (A), a Marta (B) o a ninguno de los dos (C). Escuchará la conversación dos veces.

Marque las opciones elegidas en la **Hoja de respuestas**.

**Ahora tiene 30 segundos para leer los enunciados.**

| | A. PABLO | B. MARTA | C. NINGUNO DE LOS DOS |
|---|---|---|---|
| **0.** Ha encontrado algo que no es suyo. | ☒ | ☐ | ☐ |
| **13.** Le gusta la literatura. | ☐ | ☐ | ☐ |
| **14.** No puede cuidar a Lucía. | ☐ | ☐ | ☐ |
| **15.** Ha preparado la comida de Lucía. | ☐ | ☐ | ☐ |
| **16.** No sabía lo de la cafería. | ☐ | ☐ | ☐ |
| **17.** Recomienda un lugar para quedar. | ☐ | ☐ | ☐ |
| **18.** Va a escuchar un concierto en el auditorio. | ☐ | ☐ | ☐ |

## Tarea 4

Escucha la pista n.º 51 hasta el final. No uses nunca el botón de pausa.

**INSTRUCCIONES**

Usted va a escuchar ocho mensajes, incluido el ejemplo. Cada mensaje se repite dos veces. Seleccione el enunciado (del A al J) que corresponde a cada mensaje (del 19 al 25).

Marque las opciones elegidas en la **Hoja de respuestas**.

**A continuación va a oír un ejemplo:**

La opción correcta es la F porque dice que están en la oficina hasta las ocho.

**0.** A ☐ B ☐ C ☐ D ☐ E ☐ F ■ G ☐ H ☐ I ☐ J ☐

**Ahora tiene 45 segundos para leer los enunciados.**

**ENUNCIADOS**

**A.** No se puede beber alcohol.
**B.** Para usar el móvil hay que esperar.
**C.** Propone tomar antes una copa.
**D.** Tiene todavía algo que pagar.
**E.** Tiene que comer solo.
**F.** No puede firmar después de las ocho.
**G.** Se puede comer ahí.
**H.** Se va a fumar.
**I.** No se puede cruzar la calle.
**J.** No puede ir a la fiesta.

| MENSAJES | ENUNCIADOS |
|---|---|
| **0.** Mensaje 0 | F |
| **19.** Mensaje 1 | |
| **20.** Mensaje 2 | |
| **21.** Mensaje 3 | |
| **22.** Mensaje 4 | |
| **23.** Mensaje 5 | |
| **24.** Mensaje 6 | |
| **25.** Mensaje 7 | |

***Cuaderno de claves*, páginas 50-52.**

# Prueba de Expresión e interacción escritas

## Tarea previa

En esta tarea vamos a trabajar con **textos con errores**.

1. **Aquí tienes tres textos que responden a las tareas del modelo de examen n.º 5. Comprueba si cumplen todas las instrucciones.**

### Modelo de examen n.º 5. Tarea 1

*Hola, Roberto, ¿qué tal?*
*Sí, he hecho cursos de español y de inglés con un profesor* online. *Creo que es buena idea. Son clases muy personales. El profesor puede corregir muchos errores. Bueno, yo prefiero las clases en grupo, una vez hicimos una excursión a un museo y hablamos solo inglés. Fue muy divertido. Te recomiendo las clases* online. *¿Dónde está ese profesor? ¿Habla tu idioma? Creo que es importante.*
*Saludos,*
*Pei-Chem Sun*

**73 palabras**

### Modelo de examen n.º 5. Tarea 2, opción 1

*El fin de semana pasado fui a un centro comercial con mi amiga Françoise. A ella le gustan mucho los centros comerciales. Pasamos allí toda la mañana. Es un centro comercial muy grande, tiene muchas tiendas y restaurantes. También tiene un parque y una piscina en la azotea. Tiene un bar de tapas que me gusta mucho, pero a Françoise no le gusta la comida española. Dice que tiene mucho aceite. Ella siempre está pensando en la dieta. Yo no tengo ese problema porque soy delgada. Me encanta ir a los centros comerciales, sola o con amigos. A mi novio no, a él le gusta más ir a la playa o a la montaña, vamos casi todos los fines de semana.*

**121 palabras**

### Modelo de examen n.º 5. Tarea 2, opción 2

*Ayer fue un día muy duro. Estuve todo el día con unos clientes, los señores Benítez. Son amables, pero fueron muchas horas. A las nueve los recogí en el aeropuerto y los llevé al hotel. Me tomé un café y a las once fuimos a una reunión de dos horas con el jefe. Luego fuimos de paseo a ver la catedral y a comer, y a las tres vino el jefe a tomar café con nosotros y a hablar de la empresa. A las cuatro, por fin, los dejé en el hotel y me fui a tomar café con Laura. Bueno, son simpáticos, pero estuve casi todo el día con ellos.*

**111 palabras**

2. **Los siguientes textos tienen errores de gramática y ortografía. Están resaltados en este color. Corrige los textos.**

### Texto de muestra del Instituto Cervantes. Tarea 2, opción 2

*La semana pasada fui al cumpleaños de mi amiga. La fiesta era en su cassa y había mucha gente: sus primas, sus ermanas, sus amigos y su nobio. ¡Bailamos y cantamos hasta el fin del día! La música era muy buena y de todos tipos. La comida era también deliciosa y la tarta grande. La lleve a mi amiga un perfumo, qué ya supé que le iba a gustar mucho, y tuvé razón porque estava muy contenta con mi regalo. Era una fiesta simpático, que me ha recordado a mis fiestas de cumpleaños, en las que siempre veo a todos mis amigos y a mi familia.*

**106 palabras**

**Fuente: *Guía del examen DELE A2*, Instituto Cervantes**

### Modelo de examen n.º 3. Tarea 1

*Hola, Mikel:*
*Mira, yo crea que hablas de Hugo, el chico rubia que ha querido ser actor, no? Es verdad, se iba a Japón, pero regresaba desde hace un año. Ahora vive a Buenos Aires. Puedes preguntar su madre, te puedo dar su número: 605 37 45 73. Por cierto, ¿por qué quieres contactar él? ¿Sabes que se casaba con un japonesa?*
*Bueno, escríbame pronto.*
*Un abrazo,*
*Lourdes*

## Modelo de examen n.° 1. Tarea 2, opción 1

*A las bodas de mi país esta siempre una banqueta con mucho invitados y muchas comidas. Estan bailes típica y un grupo de musica que tocan. Solo he estaba en una boda, la boda de mi hermano, el año pasada, en el capital. Se caso con un chica de su trabaja. Estaban casi cincuenta invitados. Les regalaban muchas muebles para la casa nuevo. La banqueta tuvo lugar en la playa de un hotel famosa. Lo pasaba muy bien.*

## Modelo de examen n.° 2. Tarea 2, opción 2

Atención, en este texto los errores no están marcados.

*Conozco Malena desde un año. Trabajamos juntos por una revista de economía, la conoci ahi. Es una mujer mucho inteligenta y tambien vital y sociabla. La gusta las cenas con amigos y salir a bailar. Eso hicimos la fin de semana: primero fuimos por casa de mis tios por comer y de la noche fuimos por un discoteco. Nos acompañó mi primo James, creo que él gusta de Malena. Ellos les pasaron mucho bien.*

**3. Los siguientes textos tienen errores de vocabulario. Los errores están resaltados. Corrige los textos.**

## Modelo de examen n.° 3. Tarea 2, opción 1

*El lunes por la tarde encontré con una vecina en el supermercado. Es cosa que nunca me tiene lugar, era el primer tiempo. Yo solo necesitaba algo para el cenar, ella estaba con su chico pequeño. No la conozco mucho, en tiempos nos holamos en la escalera. Al hijo sí lo he mirado más tiempos jugando en el patio. Ella portaba una falda verde muy corta, un jersey también verde y unas zapatillas blancas. Nos holamos un momento y luego cada uno hizo su camino.*

## Modelo de examen n.° 4. Tarea 1

*Hola, Alejandra:*
*¿Qué tal estás? Me alegro de tu texto, hace tiempo que no nos miramos, ¿no?*
*Tienes verdad, me encanta el arte surrealista, la última exhibición fue hace mucho tiempo, por eso me gusta mucho tu proposición y la acepto feliz. ¿Qué te parece si nos vamos el sábado por la mañana?*
*¿Qué haces ahora? ¿Aún trabajas en esa casa? ¿Qué tal tus hijos?*
*Espero tu texto.*
*Saludos*

## Modelo de examen nº 4. Tarea 2, opción 1

*Hace nueve años nació la primera hija de mi amiga Esther. Mi amiga no está marida y tuvo ella única a su hija. Los amigos la ayudamos desde cuando. Creamos una pequeña fiesta en su habitación, salieron sus padres, los abuelos, y su hermano Pablo. Yo le regalé una bañadera para bebés, le gustó mucho. Tiene el agua caliente. Mi novia le regaló una silla para la ropa de Beatriz, así se llama la niña. Se llama igual que su madre grande.*

## Modelo de examen n.° 5. Tarea 2, opción 2

Atención, en este texto los errores no están marcados.

*Ayer fue otra vez un día estresado. Por la mañana tuve que ir al aeropuerto a coger a dos clientes y transportarlos al hotel. Son marido y marida y siempre viajan los dos. La reunión fue más tarde y fue bastante buena. Lo malo es que después los tuve que transportar a la catedral y a mí no me encanta la religión. También fuimos a manger juntos a las 14:00. Después de la mesa, los transporté al hotel y yo me quedé a casa.*

**4. ¿Qué tipo de errores cometes tú en esta prueba? ¿Es útil la lista de contenidos de la página 8 de *Crono A2* para corregir tus textos? Escribe tu comentario en español o en tu lengua.**

........................................................................................................................

........................................................................................................................

***Cuaderno de claves*, páginas 52 y 53.**

# ¡Ya puedes empezar esta prueba!

# Prueba de Expresión e interacción escritas

Número de tareas: 2.

Duración: 45 minutos.

¡Pon el reloj!

## Tarea 1

**INSTRUCCIONES**

Un compañero de trabajo le escribe un mensaje para cambiar una cita.

Asunto: Cambio de cita

Hola, ¿cómo estás?
Te mando este mensaje porque tengo que cambiar la cita de mañana para comer, tengo una reunión que no estaba prevista con el jefe de administración. ¿Podemos quedar para el viernes? Yo puedo a la misma hora, a la una y media, ¿te va bien?
Bueno, espero tu mensaje.
Un abrazo,
Roberto

Conteste a su compañero. En el correo tiene que:

- saludar;
- referirse al mensaje de su compañero;
- contestar a su propuesta;
- explicar su respuesta;
- hacerle dos preguntas y despedirse.

**Número de palabras recomendadas: entre 60 y 70.**

Anota aquí cuánto tiempo has necesitado: .......................... Pon de nuevo el reloj.

## Tarea 2

**INSTRUCCIONES**

Elija solo una de las dos opciones. En cada opción tiene que tratar todos los puntos.

**OPCIÓN 1**

Escriba un texto sobre un evento cultural en el que ha estado. Hable de:

- qué tipo de evento era;
- dónde y cuándo tuvo lugar;
- con quién asistió;
- qué le pareció;
- con qué frecuencia va a este tipo de eventos.

Anota aquí cuánto tiempo has necesitado: .......................... Pon de nuevo el reloj.

**OPCIÓN 2**

Carlos y Ricardo son dos vecinos que se han hecho amigos. Aquí tiene algunas fotos de su historia.

Carlos hace dos años

Ricardo hace dos años

El barrio de Carlos y Ricardo

Carlos y Ricardo en la actualidad

Usted tiene que escribir un texto sobre Carlos y Ricardo y decir:

- dónde viven;
- cómo era antes su vida;
- qué cosas hacen juntos ahora.

**Número de palabras recomendadas: entre 70 y 80.**

Anota aquí cuánto tiempo has necesitado: .........................

***Cuaderno de claves***, páginas 53 y 54.

# Prueba de Expresión e interacción orales

## Tarea previa

1. **Aquí tienes fragmentos de la entrevista de un candidato. El modelo usado en la tarea 1 es el del Instituto Cervantes. En dos tareas hay errores resaltados en color. En la última tarea no están marcados. Corrígelos.**

### Tarea 1. Monólogo: Un viaje que he hecho

- a dónde fue el viaje, por qué lo hizo y por qué es importante para usted;
- cuánto tiempo duró el viaje, con quién fue, qué hicieron y dónde se alojaron;
- en qué medio de transporte fue y por qué;
- alguna anécdota que le pasó en ese viaje;
- si va a hacer algún viaje pronto: ¿cuándo?, ¿a dónde?, ¿con quién? y ¿por qué?

- El año pasada iba en Ibiza con mis amigos para mis vacaciones. Fuimos con el avión porque es muy lejo. Cuando lle... (pausa) hemos llegado allí, estuvo lloviendo y por eso no puedemos hacer ningunos, pues el agua. (pausa) La playa estuvo muy cerca de su hotel... nuestro hotel. Ah... Eh, no fuiamos mucho a la playa y pero jugamos muchas cartas en hotel con mi amigos. Unos de días fuimos a un playa muy famoso de Ibiza y unas días fuiamos a los tiendas y comprabamos muchos... muchas ropas para nuestras familias y otros los amigos también. ¿Voy hacer alguna viaje pronto? No... Sí..., voy a ir a Suza con mio hermano porque me gusto los montañas y los ríos y me encantan que a ver los estrellas en noche también.

**2 minutos**

### Tarea 2. Descripción

- ¿Cómo son las personas de la foto (físico, personalidad que cree que tienen…)? ¿Qué ropa llevan?
- ¿Dónde están esas personas? ¿Qué objetos hay? Describa el lugar.
- ¿Qué están haciendo las personas de la foto?
- ¿Qué relación cree que hay entre ellas?
- ¿Qué cree que piensan o cómo cree que se sienten estas personas? ¿Por qué?
- ¿Qué cree que han hecho antes? ¿Y qué van a hacer después?

- Esta foto es de un clase, hay mucho estudiantes en el clase y un profesoro. Creo que es el clase de Geografía porque los estudiantes son muy ocupadas y... y... hay muchas mesas con computer y cartas de continentos... Hay un televisión en el clase también. El clase es muy caótico cuando los libros y las papeles son en todo. Eh... Hay una ventana muy larga también, por eso la clase tiene mucha luz. Muchos de los estudiantes han llevaba camisetas... (pausa) y los estudiantes... los estudiantes (pausa) están aprendendo en los otros con geografia (pausa larga). Me parece que los estudiantes son muy trabajadores y amables.
- ¿Qué cree que han hecho antes?
- Después la clase los estudiantes van a ir un... una cafetería para tomar café porque me parece muy cansados.

**2 minutos y 20 segundos**

### Tarea 3. Diálogo

**!** Atención, en este texto los errores no están marcados.

▶ Buenos días, ¿cómo estás?
▷ Estoy bien.
▶ ¿Qué lengua quieres aprender?
▷ Quiero prender ruso.
▶ ¿Por qué?
▷ Porque voy ir to Petersburgo por estudiar Física.
▶ ¿Has estudiado antes?
▷ Sí, cuando he tenido quince años he estudiado ruso en escuela para uno... un año.
▶ ¿Que te gusta más del ruso?
▷ Me gustas la letras y eso. ¿Cómo se llama en español? ¿Cirilas? Me gusta ciencia y rusos son buenos a física. En Russia viven... vivieron cien... cien... físicos famosos Tiene también cultura y música muy rica y por eso quiero prender ruso.
▶ ¿Y hablas otras lenguas?
▷ Bueno, claro, claro, hablo alemán y inglés y hablo español, a el nivel de A2.
▶ ¿Cómo aprendiste español? ¿E inglés?
▷ Visitó cursos de español en mi universidad y... eh... y... aprendía inglés en casa toda la mi vida.
▶ ¿Cuántos días vas a la universidad para estudiar español?
▷ Dos años.
▶ Para tus clases de ruso, ¿qué días puedes venir a la escuela?

▷ Tengo universidad entre la semana y por eso estoy muy cupado, así que prefero clases al fines de semana.
▶ ¿Y en qué horario puedes?
▷ Las mañanas, ocho o nueve en la mañana.
▶ ¿Ambos días?
▷ Sí.
▶ ¿Sábados y domingos también?
▷ Sí, sí.
▶ De ocho y media a once y media.
▷ ¡Ah! Vale. ¿Y cuánto cuesta?
▶ 300 euros. ¿Te va bien?
▷ Sí, sí, claro, va bien, va bien.
▶ Vas a tener dos veces los fines de semana, sábado y domingo, los dos días.
▷ Sí.
▶ Te esperamos el sábado, entonces.
▷ Sí, hasta... luego.
▶ Que tengas buen día.

**4 minutos y 20 segundos**

**2. Usa la siguiente tabla de control para evaluar al candidato. ¿Ha aprobado la prueba?**

Prueba n.º 4

| | Tarea 1 | Tarea 2 | Tarea 3 |
|---|---|---|---|
| **1.** Ha hablado de todos los puntos de la tarea. | | | |
| **2.** Ha dejado sin tratar un punto de las instrucciones. | | | |
| **3.** Ha dejado sin tratar más de un punto de las instrucciones. | | | |
| **4.** Da un poco más de información de la que se pide. | | | |
| **5.** Responde a todas las preguntas del examinador. | | | |
| **6.** Tiene suficiente vocabulario para cumplir la tarea. | | | |
| **7.** Relaciona las frases con palabras como *porque*, *es que*, *como*, *por eso*, *pero*, *aunque*, *cuando*, etc. | | | |
| **8.** Hace comentarios y valoraciones y da opiniones. | | | |
| **9.** Comete errores de gramática o de vocabulario poco importantes.* | | | |
| **10.** Comete errores de gramática o de vocabulario importantes.* | | | |
| **11.** Habla con frases claras. | | | |
| **12.** Se bloquea, hace pausas innecesarias. | | | |
| **13.** Tiene suficientes ideas. | | | |
| **14.** Improvisa cuando lo necesita. | | | |

*Consulta los contenidos gramaticales en la página 8 de ***Crono A2***.

**3. ¿Es posible no cometer errores durante la entrevista? Escribe aquí tu comentario, en español o en tu lengua.**

..............................................................................................................................................

..............................................................................................................................................

***Cuaderno de claves***, páginas 54 y 55.

# ¡Ya puedes empezar esta prueba!

## LA PREPARACIÓN

Tienes **12 minutos** para preparar las tres tareas. Pon el reloj.
Recuerda que debes seguir todas las indicaciones que aparecen a continuación.

### Tarea 1. Monólogo

**UNA PERSONA QUE ADMIRO**

**INSTRUCCIONES**

Hable de una persona hacia la que siente admiración, alguien de su vida privada, del trabajo o de su país. Hable de:

- quién es y qué relación tiene usted con esa persona;
- por qué le gusta;
- cuánto tiempo hace que la conoce y cómo la conoció;
- algo importante que ha hecho esa persona;
- cómo ha influido en su vida.

### Tarea 2. Descripción

**HACER LA COMPRA**

Hable de la foto durante dos o tres minutos. Usted debe hablar de:

- ¿Cómo son las personas de la foto (físico, personalidad que cree que tienen...)? ¿Qué ropa llevan?
- ¿Dónde están esas personas? ¿Qué objetos hay? Describa el lugar.
- ¿Qué están haciendo las personas de la foto?
- ¿Qué relación cree que hay entre ellas?
- ¿Qué cree que piensan o cómo cree que se sienten estas personas? ¿Por qué?
- ¿Qué cree que han hecho antes? ¿Y qué van a hacer después?

### Tarea 3. Diálogo

Su compañera de piso le propone ir al supermercado o a un mercado a hacer la compra para una cena especial con amigos. Tienen que decidir qué van a comprar. La examinadora es su compañera de piso. Hable con ella siguiendo estas indicaciones.

**CANDIDATO**

Durante la conversación, tiene que:

- decidir qué platos van a preparar para la cena;
- decidir a quiénes van a invitar;
- pensar en los ingredientes que necesitan;
- pensar en cómo van a llevar las cosas al piso.

Anota aquí cuánto tiempo has necesitado para preparar la entrevista: ........................

# LA ENTREVISTA

¡Atención! En este modelo de examen hablamos de **usted**.

## Tarea 1:

Recuerda que la duración de esta tarea es de **2** a **3 minutos**.

Pon la pista n.° 52. Escucha las instrucciones y las preguntas y responde.

Graba tu exposición.

## Tarea 2:

Recuerda que la duración de esta tarea es de **2** a **3 minutos**.

Pon la pista n.° 53. Escucha las instrucciones y las preguntas y responde.

Graba tu descripción.

## Tarea 3

Recuerda que la duración de esta tarea es de **3** a **4 minutos**.

Pon la pista n.° 54. Escucha las instrucciones y las preguntas y responde.

Graba tus respuestas.

***Cuaderno de claves***, página 56.

# ABC Vocabulario

## Prueba 1: Comprensión de lectura

Vuelve a los textos de las tareas, lee la frase donde está cada palabra y anota aquí su significado en tu lengua. Recuerda que aquí el vocabulario está en orden alfabético.

### Tarea 1

| En español | En tu lengua | En español | En tu lengua |
|---|---|---|---|
| cucaracha | ....................................... | incluso | ....................................... |
| dejar la basura | ....................................... | poner nervioso/a | ....................................... |
| descansar | ....................................... | prestar | ....................................... |
| despacio | ....................................... | ser sensible | ....................................... |
| hacer caso | ....................................... | tener (mucho) cuidado | ....................................... |

### Tarea 2

| En español | En tu lengua | En español | En tu lengua |
|---|---|---|---|
| acampar | ....................................... | juego de mesa | ....................................... |
| amplio horario | ....................................... | lugar autorizado | ....................................... |
| asociación (la) | ....................................... | molestar | ....................................... |
| atención personalizada | ....................................... | obedecer las normas | ....................................... |
| avisar | ....................................... | papelera | ....................................... |
| celebrar una reunión | ....................................... | participar en una reunión | ....................................... |
| cumplir las indicaciones | ....................................... | patio | ....................................... |
| dirección de contacto | ....................................... | practicar yoga | ....................................... |
| dirigirse a | ....................................... | preinscripción (la) | ....................................... |
| disfrutar de | ....................................... | presentar una propuesta | ....................................... |
| emergencia | ....................................... | seguir las instrucciones | ....................................... |
| empleado/a | ....................................... | sugerencia | ....................................... |
| horario de atención | ....................................... | tratar asuntos | ....................................... |
| humo | ....................................... | usuario | ....................................... |
| incendio | ....................................... | vecino | ....................................... |

### Tarea 3

| En español | En tu lengua | En español | En tu lengua |
|---|---|---|---|
| conocer mundo | ....................................... | pasar tiempo | ....................................... |
| convertirse | ....................................... | pasárselo (muy) bien | ....................................... |
| dar dos besos (saludar) | ....................................... | practicar un deporte | ....................................... |
| en parte | ....................................... | quitarse los miedos | ....................................... |
| esperar | ....................................... | resolver un problema | ....................................... |
| formar parte de | ....................................... | sentirse nervioso/a | ....................................... |
| hacer las maletas | ....................................... | sorprender | ....................................... |
| llevarse una sorpresa | ....................................... | tomar una decisión | ....................................... |
| montaña rusa | ....................................... | visión del mundo (la) | ....................................... |

### Tarea 4

| En español | En tu lengua | En español | En tu lengua |
|---|---|---|---|
| alcanzar el éxito | ....................................... | dejar (permitir) | ....................................... |
| aumentar | ....................................... | ganar | ....................................... |
| confianza en sí mismo/a | ....................................... | hacerse realidad un sueño | ....................................... |
| convertirse en | ....................................... | imponer disciplina | ....................................... |
| decidirse por | ....................................... | permitir recuperación (la) | ....................................... |
| dedicar la vida a | ....................................... | sufrir lesiones | ....................................... |

# Prueba 2: Comprensión auditiva

Vuelve a escuchar las audiciones de este modelo de examen, pulsa el botón de pausa y escribe el significado de cada palabra en tu lengua. Recuerda que aquí el vocabulario está en orden alfabético.

## Tarea 1 (48)

| En español | En tu lengua | En español | En tu lengua |
|---|---|---|---|
| basado/a en | ................................ | malabarista | ................................ |
| beca | ................................ | marioneta | ................................ |
| cerámica | ................................ | organizar | ................................ |
| debate (el) | ................................ | pagar | ................................ |
| dentro de un rato | ................................ | payaso | ................................ |
| distraerse | ................................ | portátil (el) | ................................ |
| divertido/a | ................................ | presencial | ................................ |
| doblar | ................................ | prestar | ................................ |
| espectáculo | ................................ | prohibir | ................................ |
| estar apuntado/a | ................................ | quedar plazas libres | ................................ |
| estar cansado/a | ................................ | reservar entradas | ................................ |
| fecha | ................................ | tener (mucho) éxito | ................................ |

## Tarea 2 (49)

| En español | En tu lengua | En español | En tu lengua |
|---|---|---|---|
| ¿A qué esperas? | ................................ | hacer feliz | ................................ |
| abre sus puertas | ................................ | interrumpir | ................................ |
| buscar trabajo | ................................ | No te lo pierdas | ................................ |
| conductor/conductora | ................................ | oyente | ................................ |
| discutir | ................................ | regalar | ................................ |
| empleado/a | ................................ | sobrar unos kilitos | ................................ |
| Gracias por su cooperación | ................................ | solucionar la situación | ................................ |

## Tarea 3 (50)

| En español | En tu lengua | En español | En tu lengua |
|---|---|---|---|
| arreglar | ................................ | microondas (el) | ................................ |
| aviso | ................................ | ocurrírsele algo a alguien | ................................ |
| conexión a internet | ................................ | papilla | ................................ |
| egoísta | ................................ | preparar | ................................ |
| hacer un favor | ................................ | quedarse con | ................................ |

## Tarea 4 (51)

| En español | En tu lengua | En español | En tu lengua |
|---|---|---|---|
| calentar | ................................ | firmar | ................................ |
| confirmar | ................................ | frigorífico | ................................ |
| cuanto antes | ................................ | impar | ................................ |
| descanso | ................................ | par | ................................ |
| Disfruten del espectáculo | ................................ | permanecer apagado/a | ................................ |
| estar permitido/a | ................................ | ponerse enfermo/a | ................................ |
| estar prohibido/a | ................................ | tomarse una copa | ................................ |
| factura pendiente | ................................ | visita guiada | ................................ |

# Modelo de examen n.º 7



Este es el último modelo antes del examen real. Primero, tienes un resumen de toda la preparación, prueba por prueba. Después, el modelo de examen completo, sin tareas previas.

Es muy importante hacer este modelo de examen con los límites que establece el Instituto Cervantes, en especial el de tiempo. Debes dedicar una mañana completa a hacer las pruebas 1, 2 y 3, como en el examen real. Además, puedes evaluar tú mismo el examen. En este modelo te enseñamos cómo hacerlo.

# Resumen de la preparación

## Prueba de Comprensión de lectura

**Mira, en el *Cuaderno de claves,* las tablas de control de esta prueba de todos los modelos de examen que has hecho y lee tus comentarios. Anota los resultados.**

| Modelo n.º 1 | Modelo n.º 2 | Modelo n.º 3 | Modelo n.º 4 | Modelo n.º 5 | Modelo n.º 6 | Modelo n.º 7 |
|---|---|---|---|---|---|---|
| | | | | | | |

**Esta prueba dura 60 minutos y tiene 25 preguntas. ¿Estás preparado para hacer todo esto? Marca con una ✗.**

| | | |
|---|---|---|
| Tarea 1 | Leer, en unos 15 minutos, un texto de entre 250 y 300 palabras y responder a 5 preguntas con 3 opciones de respuesta cada una. | |
| | Encontrar y entender la idea principal del texto. | |
| | Encontrar y entender informaciones concretas en el texto. | |
| | Leer y entender cartas personales y correos electrónicos con temas de la vida cotidiana. | |
| | Tiempo que necesito para realizar esta tarea: .......................... | |

| | | |
|---|---|---|
| Tarea 2 | Leer, en unos 15 minutos, 8 textos de entre 50 y 80 palabras cada uno y responder a 8 preguntas con 3 opciones de respuesta cada una. | |
| | Encontrar ideas relevantes, como descripciones, instrucciones, avisos, indicaciones o normas. | |
| | Encontrar informaciones concretas, como fechas, horarios, personas, lugares, etc. | |
| | Entender textos públicos, como folletos, anuncios publicitarios, carteles, convocatorias, blogs, foros, avisos de acontecimientos, etc. | |
| | Tiempo que necesito para realizar esta tarea: .......................... | |

| | | |
|---|---|---|
| Tarea 3 | Leer, en unos 15 minutos, 3 textos de entre 100 y 120 palabras cada uno y relacionar 6 preguntas del tipo "¿Quién...?". | |
| | Encontrar en los textos informaciones concretas. | |
| | Entender artículos muy cortos y simples de revistas o periódicos, blogs, foros y avisos de acontecimientos, recetas, programaciones, ofertas de trabajo, etc. | |
| | Tiempo que necesito para realizar esta tarea: .......................... | |

| | | |
|---|---|---|
| Tarea 4 | Leer, en unos 15 minutos, un texto de entre 375 y 425 palabras y responder a 6 preguntas con 3 opciones de respuesta cada una. | |
| | Encontrar y entender los cambios de tema del texto. | |
| | Entender textos narrativos públicos o personales: reseñas biográficas, entradas de blog, cuentos, noticias, textos de guías de viaje, etc. | |
| | Tiempo que necesito para realizar esta tarea: .......................... | |

**Fuente: *Guía del examen DELE A2* del Instituto Cervantes**

**Escribe tu resumen de la prueba y de tu preparación, en español o en tu lengua.**

..........................................................................................................................................

..........................................................................................................................................

## Prueba de Comprensión auditiva

**Mira, en el *Cuaderno de claves*, las tablas de control de esta prueba de todos los modelos de examen que has hecho y lee tus comentarios. Anota los resultados.**

| Modelo n.º 1 | Modelo n.º 2 | Modelo n.º 3 | Modelo n.º 4 | Modelo n.º 5 | Modelo n.º 6 | Modelo n.º 7 |
|---|---|---|---|---|---|---|
| | | | | | | |

**Esta prueba dura 40 minutos y tiene 25 preguntas. ¿Estás preparado para hacer todo esto? Marca con una ✕.**

| Tarea | | |
|---|---|---|
| Tarea 1 | Escuchar 6 conversaciones y contestar a 6 preguntas con 3 opciones de respuesta (imágenes) cada una. | |
| | Entender las ideas principales de conversaciones que tienen pronunciación lenta y clara. | |
| | Entender conversaciones informales cortas sobre temas cotidianos como el tiempo libre, gustos e intereses, la vida familiar o la escuela. | |
| | Entender conversaciones típicas de situaciones como compras, restaurantes, estaciones y aeropuertos, etc. | |
| Tarea 2 | Escuchar 6 textos breves de entre 40 y 60 palabras cada uno, y responder a 6 preguntas con 3 opciones de respuesta cada una. | |
| | Entender textos auditivos públicos, como noticias de radio, anuncios publicitarios, avisos de eventos culturales o deportivos, etc. | |
| | Entender la idea general de textos auditivos que tienen pronunciación lenta y clara. | |
| Tarea 3 | Escuchar una conversación de entre 225 y 275 palabras y relacionar 6 frases con la persona a la que corresponden. | |
| | Entender conversaciones entre 2 personas que hablan de temas de su vida cotidiana como planes, experiencias, citas, etc. | |
| | Entender las ideas principales de la conversación, pronunciada lenta y claramente. | |
| | Entender información concreta de la conversación. | |
| Tarea 4 | Escuchar 7 mensajes de entre 30 y 50 palabras cada uno, y relacionarlos con 7 enunciados de una lista de 10. | |
| | Entender la información principal. | |
| | Entender avisos, instrucciones, anuncios publicitarios, ofertas, mensajes de contestador, en situaciones públicas y privadas, y con pronunciación lenta y clara. | |
| | Escuchar cada texto auditivo de la tarea, leer las preguntas con sus opciones o los enunciados, tomar notas, todo al mismo tiempo. ¿En qué tareas puedes hacerlo? | |

**Fuente:** ***Guía del examen DELE A2*** **del Instituto Cervantes**

**Escribe tu resumen de la prueba y de tu preparación, en español o en tu lengua.**

..............................................................................................................................

..............................................................................................................................

..............................................................................................................................

## Prueba de Expresión e interacción escritas

**Mira, en el *Cuaderno de claves*, las tablas de control de esta prueba de todos los modelos de examen que has hecho. Lee tus comentarios. Después, marca en esta tabla con una ✕ los aspectos en los que te sientes preparado. Escribe cuánto tiempo necesitas normalmente para cada tarea.**

**Esta prueba dura 45 minutos y tienes que escribir 2 textos, en total entre 130 y 150 palabras. ¿Estás preparado para hacer todo esto?**

| | | |
|---|---|---|
| Tarea 1 | Escribir información sobre temas cotidianos, como hábitos, deseos, gustos, preferencias, el lugar y las experiencias de trabajo o de estudios, la residencia, las condiciones de vida, el estado general de las cosas, etc. | |
| | Escribir en unos 20 minutos una nota, una postal, un mensaje, un correo electrónico o una carta corta, en respuesta a otro texto, de entre 35 y 45 palabras. | |
| | Escribir, a partir de otro texto, un texto de entre 60 y 70 palabras. | |
| | Seguir todas las instrucciones: escribir el tipo de texto que se pide, referirse al texto inicial, escribir dentro de la situación que se presenta y tocar todos los puntos que aparecen. | |
| | Escribir un texto claro, bien organizado, con un vocabulario relacionado con el tema, con frases bien conectadas con palabras como *pero*, *porque*, *como*, *aunque*, *además*, etc., y con buena ortografía. | |
| | Identificar posibles errores en el texto y corregirlos. | |
| | Tiempo que necesito para realizar esta tarea: ........................... | |

| | | |
|---|---|---|
| Tarea 2 | Escribir sobre temas cotidianos, como personas, lugares, experiencias de estudio o trabajo. | |
| | Escribir en unos 20 minutos un texto de entre 70 y 80 palabras en el que hay descripciones, narraciones, gustos, opiniones, etc. | |
| | Elegir una de las 2 opciones:<br>Opción A: Texto sobre un tema cotidiano de la vida personal.<br>Opción B: Texto biográfico o narrativo a partir de fotos o datos. | |
| | Escribir un texto con sentido, que tiene frases bien relacionadas. | |
| | Escribir sobre hechos y actividades pasadas, experiencias personales, etc. | |
| | Seguir todas las instrucciones: el tipo de texto que se pide, el tema que se propone, la información de las fotos o del estímulo gráfico, etc. | |
| | Opción que he elegido más veces: | |
| | Escribir un texto claro, bien organizado, con un vocabulario relacionado con el tema, con frases bien conectadas con palabras como *pero*, *porque*, *como*, *aunque*, *además*, etc., y con buena ortografía. | |
| | Identificar posibles errores en el texto y corregirlos. | |
| | Tiempo que necesito para realizar esta tarea: ........................... | |

**Fuente:** ***Guía del examen DELE A2*** **del Instituto Cervantes**

Recuerda que tienes un resumen de contenidos posibles en la página 8 de ***Crono A2***.

**Escribe tu resumen de la prueba y de tu preparación, en español o en tu lengua.**

..........................................................................................................................................

..........................................................................................................................................

## Prueba de Expresión e interacción orales

**Mira, en el *Cuaderno de claves*, las tablas de control de esta prueba de todos los modelos de examen que has hecho. Lee tus comentarios. Después, marca en esta tabla con una ✕ los aspectos en los que te sientes preparado.**

**Esta prueba dura 12 minutos, más 12 minutos de preparación, y tiene 3 tareas. ¿Estás preparado para hacer todo esto?**

| | | |
|---|---|---|
| Tarea 1 | Hablar sobre un tema de tu vida personal y cotidiana. | |
| | Hablar sobre experiencias en relación con un tema. | |
| | Elegir un tema entre dos temas de conversación. | |
| | Preparar una presentación de unos 2 o 3 minutos sobre el tema elegido. | |
| | Preparar el tema y todos los puntos de la instrucción. | |
| | Hablar del tema solo, durante 2 o 3 minutos, delante de un examinador. | |
| | Seguir en el monólogo el tema y todos sus aspectos concretos. | |
| | Usar las notas para hablar, pero sin leerlas directamente en voz alta. | |

| | | |
|---|---|---|
| Tarea 2 | Describir los elementos de la vida cotidiana que representa una fotografía: compras, medios de transporte, escuela, en la recepción de un hotel, etc. | |
| | Preparar una descripción de una imagen de unos 2 o 3 minutos. | |
| | Preparar todas las preguntas que hay junto a la fotografía. | |
| | Describir la fotografía en un monólogo de 2 o 3 minutos. | |
| | Responder en la descripción a todas las preguntas sobre la fotografía. | |
| | Usar las notas para hablar, pero sin leerlas directamente en voz alta. | |
| | Hablar con el examinador con buena pronunciación, sin cometer errores, con el vocabulario que conoces, sin hacer muchas pausas, con un poco de iniciativa. | |
| | Improvisar cuando es necesario para responder a preguntas no preparadas. | |

| | | |
|---|---|---|
| Tarea 3 | Hablar en conversaciones cortas para resolver situaciones básicas de la vida cotidiana o del trabajo: gustos, intereses, opiniones, experiencias, peticiones, etc. | |
| | Preparar una conversación imaginaria de 3 o 4 minutos. | |
| | Seguir en la preparación todos los puntos de las instrucciones. | |
| | Mantener una conversación con el examinador en una situación imaginaria a partir de la fotografía de la tarea 2. | |
| | Usar las notas para hablar. | |
| | Hablar con el examinador con buena pronunciación, sin cometer errores, con el vocabulario que conoces, sin hacer muchas pausas, con un poco de iniciativa. | |
| | Improvisar cuando es necesario para responder a preguntas no preparadas. | |

**Fuente: *Guía del examen DELE A2* del Instituto Cervantes**

! Recuerda que tienes un resumen de contenidos posibles en la página 8 de ***Crono A2***.

**Escribe tu resumen de la prueba y de tu preparación, en español o en tu lengua.**

.............................................................................................................................................

.............................................................................................................................................

# Instrucciones para el modelo de examen n.º 7

- Para este modelo de examen necesitas una mañana completa. Decide qué día lo vas a hacer.
- Haz el examen completo, es decir, todas las pruebas del examen seguidas como en el examen real.
- Pregunta en tu centro de examen el horario del examen. Este es el más frecuente en los diferentes centros de examen:

Prueba 1: 9:00-10:00 a. m.
Pausa: 5 minutos

Prueba 2: 10:05-10:45 a. m.
Pausa: 30 minutos

Prueba 3: 11:15-12:00 a. m.

Puedes hacer la prueba 4 más tarde o antes.

- Haz el examen con el horario de tu centro de examen o con este horario. Necesitas papel en blanco para la prueba 3.
- Fotocopia las hojas de respuestas que necesitas.
- En la prueba 2, no uses nunca el botón de pausa.
- No puedes usar diccionario ni móvil.
- Usa el lápiz para las pruebas 1 y 2, y el bolígrafo para la prueba 3.
- No debes hablar con nadie durante todo el examen.

## Autoevaluación

La puntuación de las pruebas 1 y 2 es objetiva. Las respuestas correctas tienen 1 punto y las incorrectas 0 puntos. La puntuación de las pruebas 3 y 4 es solo orientativa. Usa las **Tablas de control** de este modelo de examen.

| | Grupo 1 | | Grupo 2 | |
|---|---|---|---|---|
| | **Comprensión de lectura** | **Expresión e interacción escritas** | **Comprensión auditiva** | **Expresión e interacción orales** |
| Puntuación máxima | 25 | 25 | 25 | 25 |
| Puntuación mínima exigida | 30 | | 30 | |
| Puntuación obtenida | | | | |
| Calificación | ☐ APTO | ☐ NO APTO | ☐ APTO | ☐ NO APTO |
| Resultado de este modelo de examen | ☐ APTO | ☐ NO APTO | | |

**Necesitas tener el APTO en los dos grupos para tener el APTO en el examen.**

**Para más información: *Guía del examen DELE A2* del Instituto Cervantes.** https://examenes.cervantes.es/sites/default/files/DELE_A2_v2020_Guia_de_examen.pdf

# ¡Ya puedes empezar esta prueba!

# Prueba de Comprensión de lectura

Esta prueba tiene **cuatro tareas**. Usted debe responder a 25 preguntas.

La duración es de 60 minutos.

Marque las opciones elegidas en la **Hoja de respuestas**.

Pon el reloj al principio de cada tarea.

## Tarea 1

**INSTRUCCIONES**

Usted va a leer el correo electrónico que Lourdes escribe a su amigo Javier. A continuación, conteste a las preguntas (de la 1 a la 5). Seleccione la opción correcta (A, B o C).

Marque las opciones elegidas en la **Hoja de respuestas**.

Asunto: Cambio de planes

Hola, Javier, ¿qué tal te va?

Mira, guapo, te mando este mensaje para cambiar la cita que tenemos, te explico por qué.

Hace dos semanas que no veo a Rodolfo, no sé nada de él, estoy preocupada. Quizás se ha ido a casa de su madre a Asturias. Tuvimos una discusión muy fuerte. Él quiere ir de vacaciones a Londres a ver a su ex y yo quiero ir a Estambul. Estoy muy triste con esta situación.

Así que el domingo me voy para allá a ver si hablo con él. Tú y yo hemos quedado para el domingo, ¿podemos quedar el sábado y hablamos de este tema? Conoces bien a Rodolfo y tus consejos siempre son muy útiles.

Además, ayer me encontré a Carlos en el autobús, ya sabes, aquel vecino que antes me invitaba siempre a tomar café y yo siempre decía que no. Pues ha vuelto a invitarme, yo creo que escuchó la discusión del otro día. Dice que está muy contento con su nuevo trabajo, es la misma empresa pero un puesto diferente, y que ahora tiene mejor sueldo aunque más responsabilidad y menos tiempo libre, por eso va a comprarse un coche, tiene que viajar más... No sé por qué me contó todo eso, la verdad.

También he visto a Charlie, está cansado de Madrid y se vuelve a Los Ángeles. Va a hacer una fiesta de despedida. Qué pena, ese chico es muy simpático y también muy inteligente. Este mes trabaja aún, pero termina su contrato ya y el mes que viene empieza la mudanza. Ya digo, una pena. Me ha preguntado por ti porque necesita ayuda para la fiesta. ¿Puedes llamarlo?

Bueno, ya sabes, me gustaría verte antes de irme a Asturias. Mándame un mensaje, o mejor llámame, ¿vale?

Un beso de tu amiga,

Lourdes

**PREGUNTAS**

**1. Lourdes escribe a Javier para...**
- a) organizar un viaje.
- b) informarle de que está de vacaciones.
- c) quedar con él un día diferente.

**2. En el texto se dice que Lourdes...**
- a) vive en casa de Javier.
- b) no se pone de acuerdo con Rodolfo.
- c) tiene familia en Asturias.

**3. Según el texto, Javier...**
- a) puede ayudar a Lourdes.
- b) sabe qué piensa Rodolfo.
- c) es amigo de Carlos.

**4. En el texto se dice que Carlos...**
- a) quedó con Lourdes en el autobús.
- b) se ha vuelto a comprar un coche.
- c) ahora gana más dinero.

**5. Charlie ha hablado con Lourdes...**
- a) porque necesita contactar con Javier.
- b) de su vida en Los Ángeles.
- c) de su última fiesta.

Anota aquí cuánto tiempo has necesitado: .......................... Pon de nuevo el reloj.

## Tarea 2

**INSTRUCCIONES**

Lea los ocho anuncios. A continuación, responda a las preguntas (de la 6 a la 13). Seleccione la opción correcta (A, B o C).

Marque las opciones elegidas en la **Hoja de respuestas**.

**Ejemplo:**

**TEXTO 0**

MILENIUM
Formación

**PREPÁRATE PARA TRABAJAR EN EL AEROPUERTO**

Curso: Encargado de coordinación y rampa aeronáutica
Sueldo: 2000 €/mes (según compañía)
Curso: Encargado de facturación de pasajeros y equipaje
Sueldo: 2.000 €/mes (según compañía)
Todos nuestros cursos con bolsa de trabajo
Facilidades de pago
¡LLÁMANOS! 91 448 890 990

**0.** Según este anuncio, Milenium...
a) es una compañía aérea.
b) ofrece trabajo por 2000 euros al mes.
c) forma a futuros trabajadores del aeropuerto.

La opción correcta es la C porque el texto anuncia cursos de formación.

**0.** A ☐ B ☐ C ■

**TEXTO 1**

**MERCADO DE LA CARNE SEVILLA**

**Cerrado por reformas**

Después de las fiestas de Navidad, el mercado permanecerá cerrado para hacer cambios estructurales. Volvemos a abrir el 20 de enero con nuevos puestos, aire acondicionado, nuevas escaleras mecánicas y nuevas tiendas de productos ecológicos.

Además, ampliamos en dos horas el horario de apertura: de 07:00 de la mañana a 08:00 de la tarde.

**Estacionamiento al precio de siempre.**
Estamos junto al puente de la Carne.

**6.** Según el anuncio, el mercado va a tener...
a) más espacio.
b) mejores precios.
c) un nuevo horario.

**TEXTO 2**

**En beneficio del espectáculo, 30 minutos antes de la representación no se venderán entradas para el resto de las funciones.**

**Venta anticipada:**
90248999 o en entradas.com

**Horarios de taquilla:**
De martes a domingo, de 11:30 a 13:30 h y desde 17:30 h hasta 30 minutos antes del comienzo de la última función.

**7.** Este aviso está en...
a) un teatro.
b) una estación de tren.
c) un estadio de fútbol.

**TEXTO 3**

**ESCALERAS MECÁNICAS**

- Agárrate siempre al pasamanos.
- Fíjate en el sentido de la marcha de la escalera antes de subir.
- Usa el lado derecho para estar parado y el izquierdo para subir o bajar.
- Los niños deben ir siempre de la mano de un adulto.
- Puedes llevar tu bici solo si no molestas a otras personas.

**8.** En el texto se dice que...
a) solo los niños pueden llevar su bicicleta.
b) los adultos deben ir por la izquierda.
c) todos deben usar el pasamanos.

**TEXTO 4**

**ESCALERAS MECÁNICAS**

- No te sientes ni corras.
- No subas con carros o cochecitos de bebé.
- Cuidado con tu calzado, átate bien los cordones.
- Si tu mascota no puede ir en brazos, no puedes subir a la escalera mecánica con ella.
- No te pares al final de la escalera, puede ser peligroso e interrumpe el paso.

**9.** Según el aviso, es peligroso...
a) subir con bebés.
b) llevar los zapatos mal atados.
c) subir con la mascota en brazos.

**TEXTO 5**

**CERRAJERÍA GRACIA**

- Servicio permanente para urgencias, incluso domingos y festivos.
- Abrimos todo tipo de puertas, coches y cajas fuertes.
- Cambiamos cerraduras de todas las marcas.

Teléfono de contacto: **62 14 04 04 04.**

**10.** Este servicio trabaja...
a) solo domingos y festivos.
b) en todo momento.
c) por teléfono.

**TEXTO 6**

**Pensamiento organizado y acupuntura para dejar de fumar**

La ley antitabaco de la ciudad de Buenos Aires va a limitar las posibilidades de fumar en lugares públicos cerrados a partir de octubre.

Es una buena oportunidad para tomar la decisión de dejar de fumar para siempre.

Madame Demsey y el Dr. Guillermo Capitelli ofrecen un tratamiento intensivo, para dejar de fumar, que combina acupuntura y pensamiento organizado.

**Consultas: 489 98 98 o en info@capitelli.ar**

**11.** Este anuncio ofrece...
a) ayuda médica.
b) información sobre una ley argentina.
c) consejos para dejar de fumar.

**TEXTO 7**

**SE BUSCA PERSONAL**

Necesitamos dependientas para tiendas de ropa de mujer en Bilbao y San Sebastián. Horario de 10:00 a 13:00 y de 16:00 a 20:00 todos los días, menos domingos y festivos.

Entrevistas durante todo noviembre y diciembre en la calle Artekale n.º 37 de San Sebastián.

Buscamos personal con experiencia en tiendas. Las dependientas seleccionadas reciben un cursillo de formación antes de empezar.

Mandar solicitud, carta de presentación y CV a:

**modajoven@hotmail.es**

**12.** Este anuncio es solo para...
a) entrevistar a dependientas en San Sebastián.
b) personas que han hecho un cursillo de formación.
c) mujeres que han trabajado antes en tiendas.

**TEXTO 8**

**POLICÍA NACIONAL**
**Información para Documento Nacional de Identidad**

Para renovar el DNI, el horario es de 7:00 a 15:00 h sin pausa.

Usted tiene que traer dos fotografías actuales a color de tamaño carnet, su documento antiguo y el formulario relleno. Los menores de edad necesitan autorización paterna.

Recordamos que en las oficinas no hay máquina de fotocopias.

Recomendado: usted puede pedir cita por internet o en la oficina de pasaportes de 8:00 a 21:00 h.

**13.** Para renovar el DNI es necesario...
a) hacer dos fotocopias del documento antiguo.
b) ir antes de las tres de la tarde.
c) pedir cita por internet.

Anota aquí cuánto tiempo has necesitado: ........................... Pon de nuevo el reloj.

## Tarea 3

**INSTRUCCIONES**

Usted va a leer tres comentarios de tres lectoras de un artículo sobre la emigración española. Relacione las preguntas (de la 14 a la 19) con los textos (A, B o C).

Marque las opciones elegidas en la **Hoja de respuestas**.

**PREGUNTAS**

| | A. MAITE | B. ROSA | C. CARMEN |
|---|---|---|---|
| **14.** ¿A quién le costó mucho conseguir la empresa que tiene? | ☐ | ☐ | ☐ |
| **15.** ¿Quién estudió gracias a ayudas económicas? | ☐ | ☐ | ☐ |
| **16.** ¿A quién le sorprende cómo es la gente del país donde vive? | ☐ | ☐ | ☐ |
| **17.** ¿Quién estuvo un tiempo sin ver a su familia? | ☐ | ☐ | ☐ |
| **18.** ¿Quién dice que su familia creció en el extranjero? | ☐ | ☐ | ☐ |
| **19.** ¿Quién critica a los habitantes de su país de origen? | ☐ | ☐ | ☐ |

**TEXTOS**

**A.**
**MAITE**

El artículo me parece una buena reflexión. Soy una asturiana que hace cuatro años decidió irse de España. Elegí Chile como país de destino. Aquí aprendí mucho y luché por el negocio que hoy tengo después de invertir dinero, tiempo y esfuerzo. Tardé dos años y medio en volver a mi Asturias querida y poder abrazar a mi familia y a mis amigos, Chile está lejos y el dinero, al principio, no era suficiente para el billete. Hoy sé que todo el esfuerzo mereció la pena, y también sé que es complicado volver a España. Un fuerte abrazo a todos los que están fuera como yo, somos la generación de la maleta en la mano.

**B.**
**ROSA**

Nosotros llevamos seis años en Suiza. Enhorabuena por el artículo, yo podría escribir uno parecido. Es cierto que uno tiene libertad de trabajar donde quiera, pero para España no es bueno que gente con talento nunca regrese. Yo siempre estudié con becas del Estado, el gobierno invirtió en mi formación, pero luego tuve que irme y ese dinero lo perdió el Estado español. Luego nacieron nuestras hijas, empezaron a estudiar su carrera... Otros países se han beneficiado de la formación que yo recibí y ahora ya no quiero regresar. O no puedo, que es casi lo mismo. Es una decisión muy personal y es difícil tomarla.

**C.**
**CARMEN**

Felicidades por el artículo. Estoy de acuerdo contigo en que se puede aprender mucho en el extranjero. Yo vivo en Polonia desde hace veinticinco años y lo que me llama la atención del país es el deseo de la gente de mejorar cada día. Yo creo que eso los españoles lo han perdido, ¿no crees? Yo necesité quince años para llegar a donde estoy, no me casé y me concentré en mi trabajo. Estoy orgullosa pero fue duro. Ya los españoles no pueden hacer algo así. No quiero decir que no tienen talento, al contrario, hay talento, pero, como dices, en España no los valoramos y se tienen que ir a otros países.

Adaptado de https://volvemos.org

Anota aquí cuánto tiempo has necesitado: .......................... Pon de nuevo el reloj.

## Tarea 4

**INSTRUCCIONES**

Usted va a leer un texto sobre Gala, la mujer del pintor catalán Salvador Dalí. A continuación, conteste a las preguntas (de la 20 a la 25). Seleccione la opción correcta (A, B o C).

Marque las opciones elegidas en la **Hoja de respuestas**.

### Biografía de Gala

"Llamo a mi esposa: Gala, Galuchka, Gradiva, Oliva, Oliveta y sus delirantes derivados". Esposa y musa de Salvador Dalí, Gala –cuyo verdadero nombre era Elena Ivánovna Diákonova– fue una mujer misteriosa y de gran intuición, que reconoció el genio artístico y creador allí donde existía y que, a lo largo de su vida, se relacionó con numerosos intelectuales y artistas.

En realidad, sabemos muy poco de ella. Pasó la infancia en Moscú. Con once años perdió a su padre y su madre se volvió a casar. Gracias al segundo marido de su madre, Gala pudo recibir una buena educación, fue una alumna brillante. Trabajó un tiempo como maestra, pero en 1912 se le agravó la tuberculosis que padecía y su familia decidió ingresarla en un sanatorio en Suiza. Allí hizo amistad con Eugène Grindel, más tarde conocido como Paul Éluard, un joven poeta de su misma edad. En 1914 se prometieron en matrimonio, en 1917 se casaron y en 1918 nació la única hija de Gala, Cécile.

Éluard se hizo famoso como poeta y se empezó a relacionar con los surrealistas. Gala le acompañó a algunas de sus reuniones y se hizo amiga de algunos de ellos. Entre 1922 y 1924, mantuvo una relación con Max Ernst, quien la pintó en numerosos retratos.

En 1929 conoció a Salvador Dalí. En abril de ese año, el pintor viajó a París para la presentación de la película *Un perro andaluz*. En el verano de ese año, la familia de Gala y unos amigos viajaron a Cadaqués invitados por Dalí para pasar una temporada. Cuando el pintor conoció a Gala, en seguida se enamoró de ella. En *Vida secreta* Dalí escribió: "Estaba destinada a ser mi Gradiva" (este nombre viene del título de una novela de W. Jensen, Gradiva es la heroína y cura la enfermedad psicológica del protagonista, Sigmund Freud). Desde entonces Gala ya no se separó del pintor.

En 1948, Dalí y Gala se mudaron a Estados Unidos. Dalí era un pintor reconocido en su país y su padre había aceptado ya su relación con una mujer rusa separada. Desde entonces, los Dalí pasaron las primaveras y los veranos en Portlligat, y los inviernos entre Nueva York y París.

En 1958, Dalí y Gala se casaron en el santuario de Els Àngles, cerca de Girona. En 1968, el pintor le compró a Gala un castillo en el pequeño pueblo de Púbol (provincia de Girona), al que él no podía entrar sin el permiso de su esposa. Entre 1971 y 1980, Gala pasó algunas temporadas en su castillo, siempre en verano. Murió en 1982 y está enterrada allí. Desde 1996 el castillo está abierto al público como Casa-Museo Castillo Gala Dalí de Púbol.

Adaptado de https://www.salvador-dali.org/es/dali/bio-gala/

**PREGUNTAS**

**20. Según el texto, Gala fue...**
- a) una gran intelectual.
- b) un gran estímulo para varios artistas.
- c) la mujer que hizo famoso a Dalí.

**21. En el texto se dice que Gala...**
- a) estudió en Suiza.
- b) se fue de Rusia cuando conoció a Paul Éluard.
- c) dejó de trabajar porque estaba enferma.

**22. La relación entre Gala y Paul Éluard...**
- a) se formalizó en 1914.
- b) empezó gracias a Eugène Grindel.
- c) acabó en 1918.

**23. Salvador Dalí se enamoró de Gala gracias a...**
- a) los retratos de Max Ernst.
- b) una película.
- c) un personaje de una novela.

**24. En Estados Unidos, Gala...**
- a) compró un castillo a Dalí.
- b) vivía parte del año.
- c) se separó de su primer marido.

**25. El texto dice que, en el catillo de Púbol, ...**
- a) Gala solía pasar solo los veranos.
- b) se casaron Gala y Dalí en 1958.
- c) está la tumba de Dalí.

Anota aquí cuánto tiempo has necesitado: ..........................

***Cuaderno de claves***, páginas 57-59.

# Prueba de Comprensión auditiva

Esta prueba tiene **cuatro tareas**. Usted debe responder a 25 preguntas.

La duración es de 40 minutos.

Marque las opciones elegidas en la **Hoja de respuestas**.

## Tarea 1

Escucha la pista n.º 55 hasta el final. No uses nunca el botón de pausa.

**INSTRUCCIONES**

Usted va a escuchar seis conversaciones. Escuchará cada conversación dos veces. Después, tiene que contestar a las preguntas (de la 1 a la 6). Seleccione la opción correcta (A, B o C).

Marque las opciones elegidas en la **Hoja de respuestas**.

**A continuación va a oír un ejemplo:**

**0.** ¿Dónde deja la turista la basura normalmente?

A

B

C

La opción correcta es la A. Deja la basura al lado de la tienda de campaña.

**0.** A ■ B □ C □

**CONVERSACIÓN 1**

**1.** ¿Qué aparato no va bien en la habitación de esta clienta?

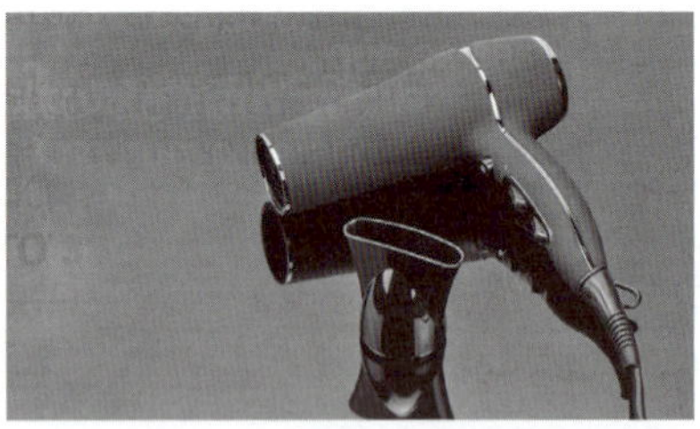

A

B

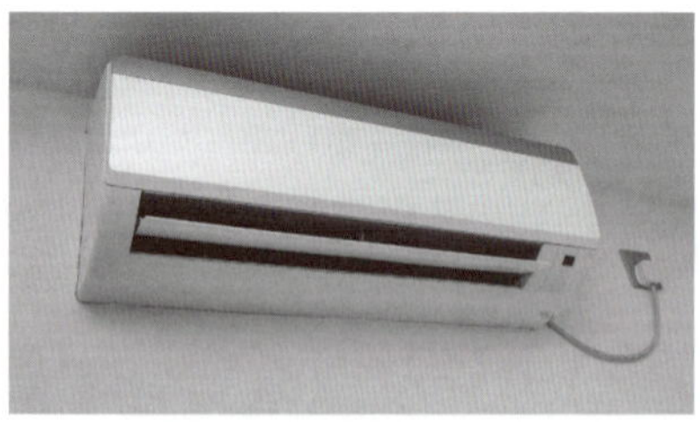

C

**CONVERSACIÓN 2**

**2.** ¿Para quién es el regalo?

A

B

C

## CONVERSACIÓN 3

**3.** ¿Qué propone hacer la hija?

A

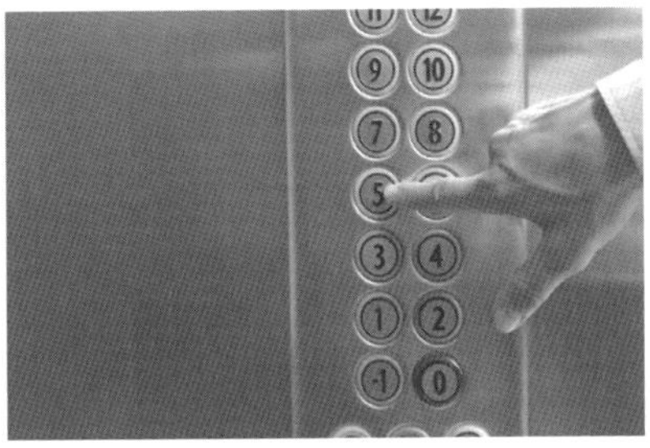
B

C

## CONVERSACIÓN 4

**4.** ¿De qué quiere hablar la mujer con el doctor Silvestre?

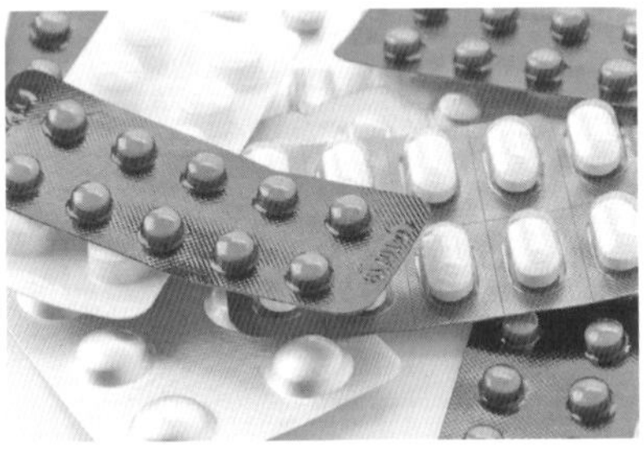
A

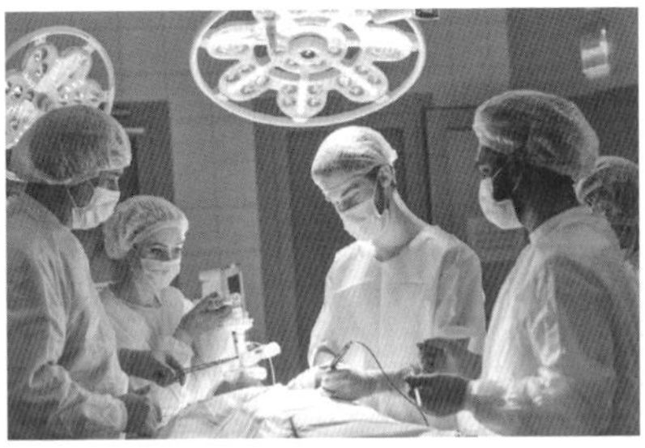
B

C

## CONVERSACIÓN 5

**5.** ¿Qué tipo de espectáculo planean ver estos amigos?

A

B

C

## CONVERSACIÓN 6

**6.** ¿Quién ha cometido el error?

A

B

C

## Tarea 2

Escucha la pista n.º 56 hasta el final. No uses nunca el botón de pausa.

**INSTRUCCIONES**

Usted va a escuchar seis anuncios o fragmentos de un programa de radio y tiene que responder a seis preguntas. Cada audición se repite dos veces. Lea las preguntas (de la 7 a la 12) y seleccione la opción correcta (A, B o C).

Marque las opciones elegidas en la **Hoja de respuestas**.

**A continuación va a oír un ejemplo:**

**0.** La oferta de un viaje a París...
- a) empieza el 25 de septiembre.
- b) dura tres días.
- c) sale por menos de cincuenta euros.

La opción correcta es la B porque van a pasar de viernes a domingo en la capital francesa.

**0.** A ☐ B ■ C ☐

**PREGUNTAS**

**AUDIO 1**

**7.** En este programa van a hablar de...
- a) personas importantes.
- b) asuntos cotidianos.
- c) Lucía G. y María Benítez Galve.

**AUDIO 2**

**8.** Según el anuncio, *Himalaya* es...
- a) el nombre de una revista de deportes.
- b) el tema de los artículos de una revista.
- c) el título de un DVD gratuito.

**AUDIO 3**

**9.** El producto del anuncio es para...
- a) medios de transporte
- b) locales comerciales.
- c) empresas turísticas.

**AUDIO 4**

**10.** En esta fiesta, los clientes...
- a) entran gratis.
- b) eligen las canciones.
- c) no pagan una bebida.

**AUDIO 5**

**11.** Esta agencia de viajes tiene una oferta...
- a) que dura un mes.
- b) que termina a final de mes.
- c) para mayores de 30 años.

**AUDIO 6**

**12.** El anuncio invita a...
- a) visitar un lugar en internet.
- b) salir de la ciudad.
- c) comparar su oferta de cursos.

## Tarea 3

Escucha la pista n.º 57 hasta el final. No uses nunca el botón de pausa.

**INSTRUCCIONES**

Usted va a escuchar una conversación entre dos amigos, Jorge y Marisa. Indique si los enunciados (del 13 al 18) se refieren a Jorge (A), a Marisa (B) o a ninguno de los dos (C). Escuchará la conversación dos veces.

Marque las opciones elegidas en la **Hoja de respuestas**.

**Ahora tiene 30 segundos para leer los enunciados.**

| | A. JORGE | B. MARISA | C. NINGUNO DE LOS DOS |
|---|---|---|---|
| **0.** Debe pasar por el banco antes de ir al trabajo. | ☒ | ☐ | ☐ |
| **13.** Da clases. | ☐ | ☐ | ☐ |
| **14.** Le ofrece participar en un proyecto. | ☐ | ☐ | ☐ |
| **15.** Ha cambiado hace poco de trabajo. | ☐ | ☐ | ☐ |
| **16.** Ha empezado a trabajar con su pareja. | ☐ | ☐ | ☐ |
| **17.** Ha estado bastante tiempo sin pareja. | ☐ | ☐ | ☐ |
| **18.** Acepta la invitación. | ☐ | ☐ | ☐ |

## Tarea 4

Escucha la pista n.º 58 hasta el final. No uses nunca el botón de pausa.

**INSTRUCCIONES**

Usted va a escuchar ocho mensajes, incluido el ejemplo. Cada mensaje se repite dos veces. Seleccione el enunciado (del A al J) que corresponde a cada mensaje (del 19 al 25).

Marque las opciones elegidas en la **Hoja de respuestas**.

**A continuación va a oír un ejemplo:**

La opción correcta es la F porque en el mensaje se habla de que una nevera tiene un problema.

**0.** A ☐ B ☐ C ☐ D ☐ E ☐ F ■ G ☐ H ☐ I ☐ J ☐

**Ahora tiene 45 segundos para leer los enunciados.**

**ENUNCIADOS**

**A.** Llaman urgentemente al dueño de un coche.
**B.** Alguien de la familia tiene un problema de salud.
**C.** Identifican un móvil por su número.
**D.** Tiene que llamar a un familiar urgentemente.
**E.** La familia está muy preocupada.
**F.** Algo pasa con uno de los electrodomésticos.
**G.** Tiene prisa porque tiene una cita más tarde.
**H.** Le da la receta de un plato típico.
**I.** Queda poco tiempo para comprar calzado.
**J.** Quiere sorprender a un miembro de la familia.

| MENSAJES | ENUNCIADOS |
|---|---|
| **0.** Mensaje 0 | F |
| **19.** Mensaje 1 | |
| **20.** Mensaje 2 | |
| **21.** Mensaje 3 | |
| **22.** Mensaje 4 | |
| **23.** Mensaje 5 | |
| **24.** Mensaje 6 | |
| **25.** Mensaje 7 | |

***Cuaderno de claves***, páginas 59-61.

# Prueba de Expresión e interacción escritas

Número de tareas: 2.

Duración: 45 minutos.

¡Pon el reloj!

## Tarea 1

**INSTRUCCIONES**

Una amiga le escribe después de un viaje para quedar con usted y contarle la experiencia.

Asunto: Vernos esta semana

¡Hola!
¡Ya estamos de vuelta! Regresamos ayer por la mañana, el viaje fue estupendo. San Petersburgo es muy interesante, tengo que contártelo todo. ¿Cuándo nos vemos? ¿Tienes tiempo este viernes? ¿Tienes mucho que hacer? ¿Cuándo es tu viaje?
Dime algo, ¿vale? Un abrazo,
Isabel

Conteste a su amiga. En el correo tiene que:

- saludar;
- decir qué ha hecho últimamente;
- explicar cuándo se va de viaje;
- proponer un día y una hora para verse;
- hacerle dos preguntas y despedirse.

**Número de palabras recomendadas: entre 60 y 70.**

Anota aquí cuánto tiempo has necesitado: ......................... Pon de nuevo el reloj.

## Tarea 2

**INSTRUCCIONES**

Elija solo una de las dos opciones. En cada opción tiene que tratar todos los puntos.

**OPCIÓN 1**

Escriba un texto sobre un evento deportivo en el que ha estado. Hable de:

- de qué deporte se trataba, cuándo y dónde tuvo lugar, con quién fue;
- qué hizo en el evento (comió algo, cantó, etc.);
- qué ropa llevó;
- cuál fue el resultado;
- qué hace usted normalmente en esos casos.

Anota aquí cuánto tiempo has necesitado: ......................... Pon de nuevo el reloj.

## OPCIÓN 2

Andrés y Begoña son dos hermanos que desde hace tiempo no se ven. Aquí tiene algunas fotos de su biografía.

Andrés y Begoña en 1995

Andrés en 2013

Andrés ahora

Begoña ahora

Usted tiene que escribir un texto sobre Andrés y Begoña y decir:

- cómo fue su infancia;
- cuándo se separaron y por qué;
- cómo son sus vidas ahora y por qué cree que ya no se ven.

**Número de palabras recomendadas: entre 70 y 80.**

Anota aquí cuánto tiempo has necesitado: .........................

***Cuaderno de claves***, páginas 61 y 62.

## LA PREPARACIÓN

Tienes **12 minutos** para preparar las tres tareas. Pon el reloj.
Recuerda que debes seguir todas las indicaciones que aparecen a continuación.

En este caso tienes **dos opciones**, como en el examen real. Tienes que preparar solo una.

### Tarea 1. Monólogo

#### Opción 1: MI COSTUMBRE FAVORITA

**INSTRUCCIONES**

Hable de una costumbre que usted tiene. Hable de:

- qué tipo de actividad es;
- dónde, cuándo y con qué frecuencia la realiza;
- por qué le gusta;
- desde cuándo la realiza y por qué empezó;
- con quién la realiza y si la recomienda a otras personas.

#### Opción 2: UNA VISITA TURÍSTICA

**INSTRUCCIONES**

Hable de un lugar turístico que usted conoce. Hable de:

- en qué ciudad está;
- por qué es turístico;
- qué le gusta de ese lugar;
- qué tipo de personas lo visita y por qué razón;
- cuándo y con quién lo visitó por última vez.

### Tarea 2. Descripción

#### Opción 1

Hable de la foto durante dos o tres minutos. Usted debe hablar de:

- ¿Cómo son las personas de la foto (físico, personalidad que cree que tienen...)? ¿Qué ropa llevan?
- ¿Dónde están esas personas? ¿Qué objetos hay? Describa el lugar.
- ¿Qué están haciendo las personas de la foto?
- ¿Qué relación cree que hay entre ellas?
- ¿Qué cree que piensan o cómo cree que se sienten estas personas? ¿Por qué?
- ¿Qué cree que han hecho antes? ¿Y qué van a hacer después?

### Tarea 3. Diálogo

#### Opción 1

Usted llega a la recepción de un hotel para alojarse en él. Hable con la recepcionista para darle los datos y explicarle sus deseos. El examinador es la recepcionista. Hable con ella siguiendo estas indicaciones.

**CANDIDATO**

Durante la conversación, tiene que:

- dar sus datos personales;
- explicar el motivo de su viaje;
- expresar dos deseos sobre la habitación;
- pedir un servicio extra.

## Tarea 2. Descripción

**Opción 2**

Hable de la foto durante dos o tres minutos. Usted debe hablar de:

- ¿Cómo son las personas de la foto (físico, personalidad que cree que tienen...)? ¿Qué ropa llevan?
- ¿Dónde están esas personas? ¿Qué objetos hay? Describa el lugar.
- ¿Qué están haciendo las personas de la foto?
- ¿Qué relación cree que hay entre ellas?
- ¿Qué cree que piensan o cómo cree que se sienten estas personas? ¿Por qué?
- ¿Qué cree que han hecho antes? ¿Y qué van a hacer después?

## Tarea 3. Diálogo

**Opción 2**

Su vecino va a su casa para pedirle algo. Tienen que decidir si puede ayudarle o no. El examinador es su vecino. Hable con él siguiendo estas indicaciones.

**CANDIDATO**

Durante la conversación, tiene que:

- saludar y preguntar qué necesita;
- pedir detalles sobre la situación;
- decir si puede ayudarle o no, y cómo;
- organizar la ayuda o disculparse.

Anota aquí cuánto tiempo has necesitado para preparar la entrevista: .........................

# LA ENTREVISTA

¡Atención! En este modelo de examen hablamos de **tú**.

## Tarea 1

Recuerda que la duración de esta tarea es de **2** a **3 minutos**.

Pon la pista n.° 59. Escucha las instrucciones y las preguntas y responde.

Graba tu descripción.

## Tarea 2

Recuerda que la duración de esta tarea es de **2** a **3 minutos**.

Pon la pista n.° 60. Escucha las instrucciones y las preguntas y responde.

Graba tu exposición.

## Tarea 3

Recuerda que la duración de esta tarea es de **3** a **4 minutos**.

Pon la pista n.° 61 o la n.° 62 (opción 1 y opción 2 respectivamente). Escucha las instrucciones y las preguntas y responde.

Graba tus respuestas.

***Cuaderno de claves***, página 63.

# Vocabulario

## Prueba 1: Comprensión de lectura

Vuelve a los textos de las tareas, lee la frase donde está cada palabra y anota aquí su significado en tu lengua. Recuerda que aquí el vocabulario está en orden alfabético.

**Tarea 1**

| En español | En tu lengua | En español | En tu lengua |
|---|---|---|---|
| consejo | ...................................... | fiesta de despedida | ...................................... |
| contento/a | ...................................... | mandar | ...................................... |
| discusión (la) | ...................................... | quizás | ...................................... |
| encontrarse a | ...................................... | ser una pena | ...................................... |
| estar cansado/a | ...................................... | sueldo | ...................................... |
| estar preocupado/a | ...................................... | útil | ...................................... |
| estar triste | ...................................... | volver a hacer algo | ...................................... |

**Tarea 2**

| En español | En tu lengua | En español | En tu lengua |
|---|---|---|---|
| agarrarse a | ...................................... | molestar | ...................................... |
| calzado | ...................................... | oportunidad (la) | ...................................... |
| cerrado/a por reformas | ...................................... | pararse | ...................................... |
| cursillo de formación | ...................................... | pedir cita | ...................................... |
| dejar de hacer algo | ...................................... | permanente | ...................................... |
| días festivos | ...................................... | precio | ...................................... |
| encargado (el) | ...................................... | productos ecológicos | ...................................... |
| entrada (teatro) | ...................................... | puestos de mercado | ...................................... |
| espectáculo | ...................................... | rellenar un formulario | ...................................... |
| experiencia | ...................................... | renovar un documento | ...................................... |
| fijarse en | ...................................... | representación (la) | ...................................... |
| formación (la) | ...................................... | ropa de mujer | ...................................... |
| función (teatro) | ...................................... | sentarse | ...................................... |
| horario de apertura | ...................................... | taquilla (teatro y cine) | ...................................... |
| incluso | ...................................... | todo tipo de | ...................................... |
| ley (la) | ...................................... | tratamiento | ...................................... |
| limitar | ...................................... | usar | ...................................... |
| mascota | ...................................... | volver a hacer algo | ...................................... |

**Tarea 3**

| En español | En tu lengua | En español | En tu lengua |
|---|---|---|---|
| abrazar | ...................................... | invertir dinero/esfuerzo | ...................................... |
| concentrarse en | ...................................... | libertad (la) | ...................................... |
| decidir | ...................................... | llamar la atención | ...................................... |
| desde hace | ...................................... | luchar por | ...................................... |
| esfuerzo | ...................................... | merecer la pena | ...................................... |
| estar de acuerdo | ...................................... | parecido/a | ...................................... |
| estar orgulloso/a de | ...................................... | tardar tiempo en | ...................................... |
| formación (la) | ...................................... | tomar una decisión | ...................................... |

**Tarea 4**

| En español | En tu lengua | En español | En tu lengua |
|---|---|---|---|
| agravarse | ...................................... | ingresar en | ...................................... |
| edad (la) | ...................................... | mantener una relación | ...................................... |
| enamorarse | ...................................... | mudarse a | ...................................... |
| estar enterrado/a | ...................................... | presentación (la) | ...................................... |
| hacer amistad | ...................................... | relacionarse con | ...................................... |
| hacerse famoso/a | ...................................... | retrato | ...................................... |
| infancia | ...................................... | separarse de | ...................................... |

# Prueba 2: Comprensión auditiva

Vuelve a escuchar las audiciones de este modelo de examen, pulsa el botón de pausa y escribe el significado de cada palabra en tu lengua. Recuerda que aquí el vocabulario está en orden alfabético.

| | En español | En tu lengua | En español | En tu lengua |
|---|---|---|---|---|
| Tarea 1 (55) | acercarse | ..................... | estar de acuerdo | ..................... |
| | ayudar | ..................... | estar ocupado/a | ..................... |
| | bajar | ..................... | hacer calor | ..................... |
| | contenedor (de basura) | ..................... | Lo que pasa es que... | ..................... |
| | cumpleaños (el) | ..................... | pasar frío | ..................... |
| | desde hace | ..................... | perro | ..................... |
| | Disculpe... | ..................... | secador del pelo (el) | ..................... |
| | entrada | ..................... | sorpresa | ..................... |
| | equivocarse | ..................... | tener una cita | ..................... |
| | estante (el) | ..................... | urgente | ..................... |
| Tarea 2 (56) | además | ..................... | experiencia | ..................... |
| | artículo de actualidad | ..................... | isla | ..................... |
| | barco | ..................... | No te preocupes... | ..................... |
| | cadena (de radio) | ..................... | novio/a | ..................... |
| | camión (el) | ..................... | oferta válida para/hasta | ..................... |
| | con tranquilidad | ..................... | perderse una experiencia | ..................... |
| | confiar en | ..................... | programa de radio | ..................... |
| | continuo/a | ..................... | publicación (la) | ..................... |
| | conversar | ..................... | quiosco | ..................... |
| | dejar pasar | ..................... | sonar | ..................... |
| | dirigido a | ..................... | unir | ..................... |
| | disfrutar de | ..................... | vehículo | ..................... |
| Tarea 3 (57) | bajar | ..................... | noticia | ..................... |
| | cambiar de empresa | ..................... | precisamente | ..................... |
| | corregir exámenes | ..................... | reunión( la) | ..................... |
| | dejar (un trabajo) | ..................... | tener planes | ..................... |
| Tarea 4 (58) | almacén (el) | ..................... | esperar despierto/a | ..................... |
| | apagar (un aparato) | ..................... | estar preocupado/a | ..................... |
| | aparcar (un coche) | ..................... | estar preparando/a para | ..................... |
| | cambiar algo de sitio | ..................... | llevar | ..................... |
| | completar (un formulario) | ..................... | lo antes posible | ..................... |
| | compromiso | ..................... | ponerse enfermo/a | ..................... |
| | dar la bienvenida | ..................... | propietario/a | ..................... |
| | dar una sorpresa a alguien | ..................... | quedar | ..................... |
| | de pronto | ..................... | rebajar (los precios) | ..................... |
| | departamento | ..................... | reunión (la) | ..................... |
| | escaparse | ..................... | urgencias (hospital) | ..................... |

# El día del examen

Información sobre el examen: https://examenes.cervantes.es/es/dele/que-es

La inscripción al examen la haces en un **centro de examen**. Es el responsable de dar al candidato toda la información sobre el mismo y de resolver sus dudas y problemas relacionados con él. Si tienes alguna pregunta, es importante hacerla directamente al centro de examen. En la web del Instituto Cervantes, puedes encontrar todos los centros de examen.

El examen tiene **dos citas**.

**Primera cita (pruebas 1, 2 y 3)**. En casi todos los centros de examen, el examen empieza a las 9:00. Hay que llegar media hora antes. Debes llevar tu documentación personal: un documento de identidad con fotografía y la cita donde está tu número de inscripción.

En la sala de examen hay un sitio para ti con un lápiz, un bolígrafo y una goma de borrar. El personal del examen te da un cuadernillo con los textos y las preguntas, y una Hoja de respuestas que tiene tu nombre. En el cuadernillo puedes escribir todo lo que quieras, en la Hoja de respuestas solo puedes escribir lo que te dice el personal del examen: es muy importante entender bien todas las instrucciones y normas.

No puedes usar diccionarios de ningún tipo, de papel o electrónicos. No puedes usar dispositivos electrónicos durante el examen. No puedes hablar con otros candidatos. No puedes salir a los servicios si otro candidato ha salido y aún no ha vuelto. No puedes estar más tiempo que el que la prueba establece. No puedes preguntar al responsable de la sala ni a otros candidatos las respuestas correctas o el significado de las palabras que no conoces.

**Segunda cita (prueba 4)**. Normalmente es el mismo día por la tarde o un día diferente. El personal del centro te recibe y te pide tu documento de identidad. Te entrega el material necesario y te acompaña a la sala de preparación de la prueba. Te da todas las instrucciones para preparar la entrevista. Probablemente habla tu idioma. Cuando termina el tiempo de preparación, te acompaña a la sala de la entrevista.

Dentro de la sala de la entrevista, como sabes ya, hay dos personas que te esperan. En la prueba 4 del modelo de examen n.º 1 tienes más información sobre este momento.

**Resultados**

El resultado del examen es APTO o NO APTO. Unos tres meses después del examen, recibes un correo electrónico del Instituto Cervantes o de tu centro de examen donde te explican cómo saber el resultado.

**Es importante:**

- Dormir bien la noche anterior y llegar puntual al centro de examen.
- Entender bien todas las instrucciones. Si no las entiendes, pide traducción a tu idioma o a un idioma que entiendes.
- Si tienes alguna pregunta, es importante hacerla directamente al responsable de la sala.
- Completar correctamente la Hoja de respuestas.

| ■ Bien marcado | ☒ ▧ ☑ Mal marcado |
|---|---|

- Controlar en todo momento el tiempo, como has hecho durante la preparación.
- Si tienes alguna discapacidad o minusvalía, tienes que informar antes, el centro de examen tiene modelos de examen especiales.
- Si crees que algo no está bien en el cuadernillo de examen o en los materiales de la prueba 4, como erratas o errores ortográficos, puedes informar al responsable de la sala o incluso hacer una reclamación. Si no estás de acuerdo con el resultado, también puedes hacer una reclamación.

En las páginas siguientes, tienes fotografías tomadas el día del examen. Fíjate bien en ellas y lee la descripción que acompaña a cada una.

Sala de examen, en un centro del Instituto Cervantes, preparada para el examen. Sobre la mesa hay un lápiz, una goma, un sacapuntas y un bolígrafo. Solo necesitas llevar tu documentación personal.

Durante el examen puedes salir para ir a los servicios. Solo puede salir una persona cada vez. No se pueden poner bebidas sobre la mesa.

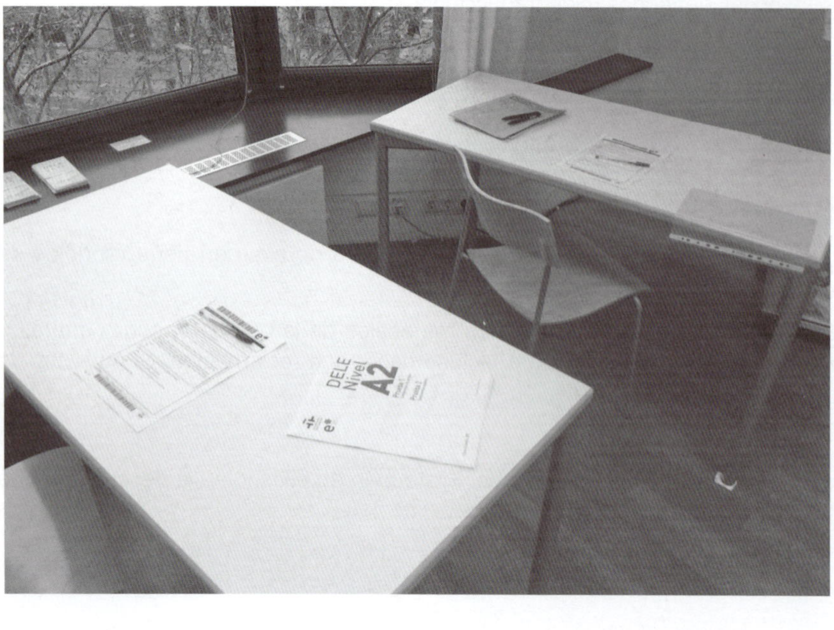


Las preguntas están en el cuadernillo del examen. Puedes escribir en esas hojas todo lo que quieras. Cada Hoja de respuestas lleva tu nombre y tu código de examen.

Imagínate que estás en esta mesa y vas a empezar el examen. ¿Qué sientes? Puedes concentrarte en esta idea: vas a aprobar el examen.

Las pruebas 1 y 2 se completan con lápiz. La prueba 3 se hace con bolígrafo.

La prueba 3 se realiza en una hoja especial para ella, pero puedes utilizar un folio en blanco como borrador.

En la prueba 4, tienes tiempo para preparar las tres tareas. Luego hablas con un examinador. ¿Recuerdas quién es la tercera persona?

## Fotocopiable

**Edi numen** **Diploma de español. Nivel A2**

ESCRIBA, POR FAVOR, CON LETRAS MAYÚSCULAS

**Modelo de examen n.º** ______

FECHA: ..............................................................................

| APELLIDO(S) | NOMBRE |
|---|---|
| | |

| CENTRO DE EXAMEN |
|---|
| |

| PAÍS | CIUDAD |
|---|---|
| | |

## Prueba de Comprensión de lectura

**TAREA 1**

1. A B C
2. A B C
3. A B C
4. A B C
5. A B C

**TAREA 2**

6. A B C
7. A B C
8. A B C
9. A B C
10. A B C
11. A B C
12. A B C
13. A B C

**TAREA 3**

14. A B C
15. A B C
16. A B C
17. A B C
18. A B C
19. A B C

**TAREA 4**

20. A B C
21. A B C
22. A B C
23. A B C
24. A B C
25. A B C

## Prueba de Comprensión auditiva

**TAREA 1**

1. A B C
2. A B C
3. A B C
4. A B C
5. A B C
6. A B C

**TAREA 2**

7. A B C
8. A B C
9. A B C
10. A B C
11. A B C
12. A B C

**TAREA 3**

13. A B C
14. A B C
15. A B C
16. A B C
17. A B C
18. A B C

**TAREA 4**

19. A B C D E F G H I J
20. A B C D E F G H I J
21. A B C D E F G H I J
22. A B C D E F G H I J
23. A B C D E F G H I J
24. A B C D E F G H I J
25. A B C D E F G H I J

# Notas